Die Ordnung herrscht in Berlin

Francesco Masci

Die Ordnung herrscht in Berlin

Aus dem Französischen
von Daniel Fastner

Matthes & Seitz Berlin

Maybe I was born to die in Berlin
Ramones

Ordnung

Am Abend des 14. Januar 1919, einen Tag vor ihrer Ermordung durch Freikorps, erschien unter der Überschrift »Die Ordnung herrscht in Berlin« Rosa Luxemburgs letzter Artikel in der *Roten Fahne*. Darin zieht sie eine bittere Bilanz aus dem Scheitern der spartakistischen Revolution, die, von der herrschenden Sozialdemokratie niedergeschlagen, der Restauration der bürgerlichen Ordnung Platz gemacht hatte. Sie irrte sich. Der Titel sollte sich, allerdings jenseits seiner politischen Bedeutung, erst sehr viel später bewahrheiten. Es mussten achtzig Jahre vergehen und die Wirtschaftskrise, die Machtübernahme der Nationalsozialisten, der Weltkrieg, die Zerstörung Berlins, der Einmarsch der Kommunisten und die Zweiteilung der Stadt erst ganz und gar Geschichte geworden sein, um, ohne die Tatsachen zu verdrehen, sagen zu können, dass endlich die Ordnung herrscht in Berlin. Dabei handelt es sich um eine neue, eine höchst unwahrscheinliche Ordnung, die mit den klassischen politischen Kategorien schwer zu fassen ist. Es ist eine Ordnung, die auf minimalem Einsatz von Gewalt beruht und doch nicht weniger zwingend und erbarmungslos ist als die von Rosa Luxemburg bekämpfte. In dem Augenblick, da Berlin seine geschichtliche Sonderstellung verloren hat und zur Welthauptstadt einer Folklore geworden ist, die vom Revolten- und Kreativitätstourismus lebt, nehmen Ordnung und Unterwerfung die Gestalt von Chaos und Freiheit an. So löst die Moderne ihr Versprechen von der Befreiung des Individuums doch noch, und zwar auf apolitische Weise, ein: in einer befriedeten Gesellschaft unter dem neuen Regime der Kultur.

Die jüngste Geschichte Berlins spiegelt das Umschlagen der Moderne in eine postpolitische, durch Bilder organisierte Welt wider. Einstmals lag die Stadt, militärisch und ideologisch geteilt, im Zentrum des langen europäischen Bürgerkriegs. Während sich, von der Mauer eingeschlossen, auf der einen Seite eine riesige politische Brache erstreckte, gab sich auf der gegenüberliegenden Seite dieselbe Politik auf dem Höhepunkt ihrer Gewalt als Leviathan zu erkennen. Heute ist Berlin hingegen Vorposten einer allgemeinen Kapitulation vor der Fiktion des autonomen Individuums, das als »abstrakte Form vorbereitet« (Hegel), fortan jeglichen Inhalt annehmen kann. Somit wurde Berlin als erste westliche Stadt seiner bildgeschöpften Identität beraubt. Hier hatte die Arbeit des Kultur-*Entertainment*, das Wirkliche in Fiktion zu überführen, durchgreifenden Erfolg: Indem die Kultur diesen Ort zur leeren Projektionsfläche für eine allgemeine *und* subjektive, aber moralisch polarisierte Bildproduktion macht, kann sie sich die verborgenen Gegensätze und Widersprüche, die dem Territorium einmal seine politische Dichte verliehen hatten, anverwandeln und auflösen.

Berlin ist kein Symbol. Berlin ist der sehr reale Ort, an dem der Widerstreit zwischen den Fakten und den *ficta*, der sich durch die gesamte Moderne zieht, kürzlich an sein Ende gelangt ist – die Austreibung der Politik durch das dreiköpfige Monster der Moral, Ästhetik und Ökonomie. Die totale Mobilmachung der Bilder, jene Antriebskraft unserer Moderne, die durch die totale Mobilmachung des Militärs neu ausgerichtet, teilweise auch unterlaufen wurde, kommt hier zu ihrem Höhepunkt und Ende.

Das Schicksal hat in seiner Unerbittlichkeit schon etwas Ironisches: Genau an jenem Ort, wo das Wirkliche, durch Schläge und Wunden von der Gewalt der Geschichte gezeichnet, sich der Unterordnung unter die kulturell produzierten Ereignisse scheinbar erfolgreich widersetzen konnte, vollendet sich die Trennung des Menschen von seinem eigentlichen Dasein in der Welt. Denn just in Berlin vollzieht sich heute die Assimilation der Gesellschaft an die absolute Kultur, gerade hier findet der Kampf um die Austreibung der Politik als einer legitimen Organisationsweise menschlicher Gemeinwesen sein Ende – innerhalb der von Moral und Ökonomie gebotenen Schranken. Sowie dieser Kampf endet, neigt sich auch seine Entfaltung in der Geschichte, die Moderne, ihrem Ende zu.

Die Französische Revolution hatte den ersten entscheidenden Schlag gegen die Möglichkeit politischer Praxis geführt, indem sie die Beziehungen der Bürger zur Macht sowie ihre Beziehungen untereinander im Verhältnis zur Macht neu ausrichtete. Einer »Illusion der Politik« (François Furet) folgend, sollte sich eine moralisch reine Gesellschaft über den Staat erheben. Diese imaginäre Politik fußte auf einer mit Ideologie und Selbstrechfertigung durchtränkten, sich immer weiter steigernden Treibjagd auf einen abstrakten Feind, die nach Zusammenbruch der staatlichen Autorität als einziger Kitt zwischen den Menschen unter der Herrschaft einer absolut gewordenen Moral verblieb. Doch dieser frühe Versuch, das Gemeinwesen als Bruderschaft von Heiligen zu organisieren, stieß auf den Unwillen jener scheinbar tugendhaften Gesellschaft. Obwohl die moralische Vollkommenheit und Transparenz aller menschlichen Handlungen gewaltsam verordnet wurde, erwies sie sich als ebenso unmoralisch und enttäuschend wie der Staat selbst. Die absolute Kultur kam nun auf den Trümmern der Französischen Revolution zur Welt – durch einen Akt der Lossagung von der Gesellschaft. Sie stellt einen radikalen Versuch dar, die weltliche Eschatologie der Revolution zu Ende zu führen. Allerdings auf einer vollkommen fiktiven Ebene: Im prophetischen Reich der Ereignisse entdecken die Menschen als fiktive Subjektivitäten die Würde und Autonomie wieder, die die Gesellschaft ihnen gegen die Tyrannei des Staates versprochen hatte. Dieses gewaltige Erlösungsversprechen, das zum Leidwesen der Verächter des Spektakels und der Kulturindustrie auch aus der Negation und seiner eigenen Selbstkritik noch Kraft zieht, wurde zum ersten Mal durch die deutschen Romantiker verkündet. Nahezu zwei Jahrhunderte lang hat es jedoch lediglich als externe Stütze der selbst den Körper umfassenden, das

Dasein der Einzelnen durchdringenden und prägenden Herrschaftsverhältnisse gedient. In der großen kulturellen Lossagung von der Gesellschaft sollte das Wirkliche Schritt für Schritt vergessen, getilgt und dann verwandelt werden, nur konnte dem Subjekt dabei nichts geboten werden als eine imaginäre und moralisch eingehegte Freiheit. Erst heute ist das Versprechen der absoluten Kultur, mit der Wirklichkeit abzurechnen, eingelöst worden – im Maßstab einer ganzen Stadt. Die politische Notwendigkeit des »Orts«, die Ordnung des *Nomos*, wird nun ersetzt durch die Kontingenz der Ereignisse. In Berlin hat sich nicht mehr nur das Individuum, sondern eine ganze Stadt in ein Narrativ verrannt, das die Geschichte unter der unendlichen Stille der Kultur erstickt. Nachdem es durch die Metropolen des Westens gegeistert ist, scheint das Individuum, nunmehr zufrieden mit seiner fiktiven Freiheit in den Ritzen des Wirklichen, in dem es als bedeutungsvolles Element ohnehin schon verschwunden war, seine ideale Heimstätte gefunden zu haben. Allein, die Stadt, die es zu seiner Bleibe auserkoren hat, existiert nicht mehr. Berlin ist nunmehr eine Stadt ohne Territorium, verstanden als politisches Gewebe, das aus dem Geflecht der Machtbeziehungen zwischen Bürgern und Institutionen entstanden ist. Diese Machtbeziehungen bedingen den Bilderschatz, den die Stadt in ihrer unermüdlichen Arbeit der Selbstbespiegelung schafft. Zugleich bedingt dieser Bilderschatz die Machtbeziehungen. Und dieser Zusammenhang wechselseitiger objektiver Beziehungen ist einer Logik zunehmender Entwirklichung bis hin zu seiner völligen Auslöschung unterworfen. Was bleibt, sind nur Bilder ohne Kontext, abstrakt, austauschbar, verstreute Fragmente einer subjektiven, aber niemals singulären Existenz. Die Stadt verbirgt nicht länger die Erfahrung dessen, was außerhalb des Möglichen liegt. Leid ist in ihr nur noch ein gesellschaftliches Symptom unter anderen. Als geografisch identifizierbarer Nichtort ist Berlin die konkret gewordene Utopie. Die Stadt ist der Kristallisationspunkt, an dem sich die Moderne politikfrei verwirklicht, wenn man davon ausgeht, dass der Drang zum idealen Gemeinwesen einst einer ihrer Antriebskräfte gewesen war. Dass dieses Ideal nun von der absoluten Kultur anstelle der Politik erfüllt wurde, verleiht der Stadt jedoch keine viel erfreulichere Erscheinung, als die sterbenslangweiligen Beschreibungen von Morus oder Campanella in Aussicht stellen. In einem urbanen Milieu, das sich ganz und gar der Freizeitunterhaltung verschrieben hat, sind die fiktiven Subjektivitäten mit Ritualen und Praktiken beschäftigt, die allein die Freiheit zum Ziel haben. Diese Subjektivitäten werden von einer Ordnung zusammen gehalten, die sich als genauso stabil erweist wie jene von den Humanisten gepriesene. Oktroyiert wird dieses glasierte Regime von einer Kultur, in der das Dasein der Menschen durch ihre Einschreibung in einen ikonologischen Kreislauf bestimmt ist, der sich zum absoluten Herrn der Politik erhoben hat – und zu ihrer Aufhebung strebt. Dass der Triumph der Ordnung nun ausgerechnet in Berlin gefeiert werden sollte, stellt schon ein Ereignis von ganz eigener Kraft dar. Berlin ist nicht nur die Stadt, in der sich das Politische zweimal in ihren aberwitzigsten Zügen manifestiert hat, Berlin ist auch die Stadt, in der die Ereignisse – infolge einer in der Moderne nie dagewesenen Situation – auf höchst grausame Weise die ihnen zugrunde liegende hoffnungslose Negativität der Leere offenbart haben: Auf der einen Seite der Mauer eine Herrschaft, die sich fest an die Geschichte klammerte, auf der anderen eine absolute Kultur, die Ereignisse ohne Hoffnung produzierte – nichts davon ließ darauf schließen, dass sich die Stadt einmal in den Vorposten einer kulturellen Welteroberung verwandeln könnte. Und doch brachte die Wiedervereinigung der Stadt die Rückkehr der Ereignisse zu einer vom Widerspruch befreiten Positivität. Das »wilde« Berlin aus dem kurzen Gedicht Erich Kästners, in dem der unbedarfte Kleinstädter jederzeit riskiert verloren zu gehen, jagt niemandem mehr Angst ein. Berlin ist zu einer unterschiedslosen Stadt geworden. Und in diesem mit leeren Bildern gesättigten Raum hat die universelle, fiktive Subjektivität, endlich von allen Hemmnissen befreit, ihre lang ersehnte Ausflucht gefunden. In dieser verklärten Stadt, die aus dem Vakuum des Politischen wie die überreife Frucht des Nihilismus der absoluten Kultur hervorgeplatzt ist, hat auch die Zeit ihr Gewicht verloren. Die Vergangenheit bildet nur noch die fragwürdige Kulisse, vor der die Enkel der *Dämonen* heranwachsen, die sich unter ständiger Verwechslung von Klatschspalte und Geschichte sehr gut darauf verstehen, das Unterhaltungs*business* mit der Revolte zu versöhnen.

Ich habe mich zu den tristen Gestaden dieser »Insel« der fiktiven Glückseligkeit (*eu-topia*) eingeschifft, nicht nur, um die Sitten und Gebräuche einer neuen Urbanität zu erforschen, sondern um die Versprechen von Freiheit und Emanzipation zu Grabe zu tragen, die die absolute Kultur dem Individuum bereits vor zwei Jahrhunderten gegeben hat und die heute in der Verwechslung des Wirklichen mit der Fiktion ihre Erfüllung finden, einer unumkehrbar gewordenen Verwechslung, zu der jene Kultur das Ihre beigetragen hat.

Raum ohne Territorium

Seit Beginn des 20. Jahrhunderts gilt die Großstadt als unerschöpflicher Quell zukunftsorientierter Erfahrungen. Die »Steigerung des Nervenlebens«, von der Simmel spricht, ist eng mit der allgemeinen Beschleunigung verknüpft, die alle westlichen Großstadtbewohner erfasst. Literatur und später auch Film haben diesen rhetorischen Topos eines immer stärker mechanisierten und entfremdeten Stadtlebens in seiner ganzen Breite ausgeleuchtet. Das Berlin der zwanziger Jahre verkörperte dies perfekt: Vom Potsdamer Platz »ist vor allem zu sagen, dass er kein Platz ist«, schreibt Franz Hessel in einer seiner Berlinskizzen, sondern »eine Wegkreuzung«, über die der »berühmte Verkehrsturm [...] wacht«, jene kleine Ding-Persönlichkeit und Ikone des Berlins dieser Zeit, die man in Walter Ruttmanns Film *Berlin:*

Die Sinfonie der Großstadt (1927) inmitten des unablässigen Stroms von Pkws und Doppeldeckerbussen ausharren sehen kann. Auch nach dem Zweiten Weltkrieg war Berlins Bilderwelt, wenngleich wie die Stadt selbst in zwei Versionen gespalten, von zukunftsorientierten Ereignissen beseelt. Auf der einen Seite die apokalyptische Vision einer unmöglichen Zukunft, die folgerichtige Strafe für eine Gegenwart, die ebenso karg schien wie die Brache, in die sich der Potsdamer Platz inzwischen verwandelt hatte. Auf der anderen Seite die sichere Zukunft der Kommunistischen Partei: redundant, bürokratisch und unbeirrbar optimistisch. Das *too much future* der Ostberliner Punks antwortete posthum auf das berühmte *no future* der Punks aus dem Westen. Beide Slogans teilen das Gefühl von Abscheu, das fehlender Hoffnung entspringt. Im Westen war diese Hoffnungslosigkeit mit einer ganz der Kontingenz überantworteten Welt verknüpft, im Osten mit einem erstickten Leben, dessen Schicksal vollkommen von der Partei geplant und der rohen Notwendigkeit unterworfen war. Mit ihrem asozialen Verhalten übersteigerten die Punks des Westens nur die ohnehin übermäßige Unordnung einer als unsinnig und verabscheuungswürdig wahrgenommenen Welt, gerade weil sie unsinnig war. Der anarchistische

Krimskrams konnte im Schaufenster ganz gut neben den tabuisierten Zeichen der Macht (dem Hakenkreuz) existieren, weil sich im symbolischen Chaos am besten der Widerspruch ausdrückte, der aus der nostalgischen Sehnsucht nach einer unmöglichen Ordnung hervorbrach. Im Osten trieb diese Wut einen Teil der Jugend zur Konfrontation und transformierte sich in einen Angriff auf die Ordnung eines nur zu wirklichen diktatorisch-bürokratischen Systems. Die absolute Kultur hat der wiedervereinigten Stadt einen sich zyklisch wiederholenden Zeitrhythmus von Erwartung und Eintritt des Ereignisses aufgezwungen und vermochte es so, die scheinbar unversöhnlichen Sehnsüchte der Punks beiderseits der Mauer zu befriedigen und miteinander zu versöhnen: der nach Ordnung im Westen und der nach Unordnung im Osten. Die Zukunft stellt sich den Individuen, die bisher nichts anderes kannten als die Alternative zwischen einem Regime der freien und permanenten Konkurrenz um Bild-Kapital und einer staatlich-bürokratisch kontrollierten Bildzirkulation, nun nicht mehr als ein Richtung Fortschritt strebendes Feld von Zufällen dar. Auf ihrem Höhepunkt bringt die Zeit der absoluten Kultur nichts weiter hervor als Wiederholung. Der entfesselte Individualismus mit seinen libertären Erscheinungsformen nimmt, gleich ob von spielerischen oder feindseligen Motiven getragen, nur noch die Gestalt unnötiger Wiederholungen von Bildern und Events an, die schon bei ihrem ersten Erscheinen dazu dienten, den Subjekten in einer instabilen Wirklichkeit Halt zu geben. Berlin verkörpert heute die letzte Phase in der Entwicklungsgeschichte der absoluten Kultur. Hier haben die Bilder und Ereignisse mitsamt ihrem Nebenprodukt, den fiktiven Subjektivitäten, eine Entwicklungsstufe erreicht, auf der sie von ihrer Hauptaufgabe, die Gewalt der gesellschaftlichen Beziehungen zu überspielen, teilweise entbunden sind. Die Fiktionen haben sich hier gleich doppelt von einer Wirklichkeit entfernt, die ihnen gegenüber jeden Widerstand fallengelassen hat. Daher müssen sie sich auch nicht mehr darauf beschränken, eine »Praxis der Selbstdisziplinierung« in Gang zu setzen, durch die die Individuen die Verpflichtungen, die ihnen in Wirklichkeit durch ihre sozialen Beziehungen aufgezwungen werden, als freie Handlungen wahrnehmen. In Berlin stellt das Wirkliche keine Bedrohung mehr für die Stabilität des Subjekts dar, weil es in seiner politischen Gestalt, wie auch in seinen ökonomischen und moralischen Ersatzformen vollkommen entleert worden ist. Die Bilder und Ereignisse, die in einem fort den Automatismus der Unterwerfung exerzieren, sind nun endlich als Produkte der reinen Unterhaltung verfügbar. Genau wegen dieses erlaubten »Loslassens« erscheint Berlin den fiktiven Subjektivitäten, die sich andernorts diese selbstvergessenen Augenblicke nur zeitlich und örtlich streng reglementiert zugestehen, als Gelegenheit zur Rückkehr in die Kindheit.

Dem Flaneur, der einen Augenblick die doppelte Abwesenheit des Selbst und des Wirklichen ignoriert, eröffnet sich die Stadtlandschaft als vorübergehende Ausgrabungsstätte, in der sich die lebensechten Darstellungen all der Hoffnungen, Praktiken und Täuschungen perfekt erhalten haben, auf die sich die Moderne einst gegründet hat. Berlin ist ein modernes Pompeji ohne Vesuv: das Territorium, der von Machtbeziehungen durchzogene Raum, bleibt hier unter einer undurchdringlichen Schicht von Kultur verschüttet und verborgen. Weder das Treiben in den Straßen noch die Ruinen der Geschichte geben heute noch Aufschluss über die Identität der Stadt. Die Machtbeziehungen, die sich einst einem Territorium einschrieben und es in einem komplexen Spiel der Spaltungen und Widerstände maßgeblich gestalteten, sind in Berlin vollkommen der absoluten Kultur und ihren instabilen Verknüpfungen inhaltsloser, allgemeiner und ahistorischer Bilder unterworfen worden. Während das Territorium außer Kraft gesetzt wurde, gelang es zugleich, die Weitergabe autochtoner Bilder und lebendiger Erfahrungen, denen die wahre Substanz einer Stadt innewohnt, zu unterbinden. Diese Operation darf jedoch nicht mit dem Abstraktionsprozess verwechselt werden, der seit Langem ein Charaktermerkmal westlicher Städte darstellt. Bereits in den zwanziger Jahren des vergangen Jahrhunderts bedauerte Oswald Spengler, dass »Weltstädte reiner Geist« seien. Nichts anderes, wenngleich ganz unberührt von Spenglers Sorgen, schrieb einige Jahrzehnte später der Architekt Arata Isozaki in seinem avantgardistischen Aufsatz *Institut für Stadtzerstörung GmbH* von 1962: »Aber eine Stadt mit physischer Substanz – vielleicht hat es das auf Erden nie gegeben. Sind *Städte nicht bloß abstrakte Ideen?* Nichts als mentale Bilder, die von Bürgern aufgrund wechselseitiger Vereinbarung für ihre praktischen Zwecke aufgebaut wurden?« Doch die »Phantombilder« des neuen Berlin sind nicht mehr von den Bewohnern selbst geschaffen, sie sind übernommen wie Waren aus zweiter Hand. Nirgends mit der Wirklichkeit konfrontiert, offenbaren sie ihr belangloses Wesen. Isozaki selbst hat das Missverhältnis zwischen Geist und Materie der Stadt unterstrichen, als er einwilligte, eines der Bauprojekte am neuen Potsdamer Platz zu realisieren, und damit dazu beitrug, ein ganzes Stück Berliner Erinnerung zu beerdigen.

Eine Stadt verschwindet nicht, eine Stadt verwandelt sich auch nicht. Ihre Wirklichkeit ist von einer Beständigkeit, die alle ihre Erscheinungen beherrscht. Und diese Wirklichkeit bestätigt sich darin, dass sie die Bilder, aus denen sie ihre Identität schöpft, bewahrt und weiterreicht. Diese Weitergabe kann allerdings dadurch ausgehebelt und unterbrochen werden, dass die Stadt zum Gegenstand einer monumentalen Entwendung wird, die ihre gesamte physische Existenz einschließt. Das Berlin der zwanziger und dreißiger Jahre existiert nicht mehr. Die Kabaretts, der Expressionismus, die verqualmten Literatur-Cafés und die Bonmots eines noch jungen zynischen Brecht, alle diese lebendigen Bilder der Weimarer Dekadenz, die die physische Zerstörung des »Ortes« überlebt hatten, sind aus der lebendigen Erinnerung der Stadt verschwunden und auf der gigantischen universellen Müllhalde vergangener Bilder und Ereignisse entsorgt, auf der sich die allgemeine fiktive Subjektivität in ihren nostalgischen Augenblicken bedient. Der Rhetorik des neuen Hypes, von der sich Schwärmer und Verächter des heutigen Berlin gleichermaßen begeistern lassen, ist jede konkrete historische Herkunftsbeziehung fremd, wenn es sich nicht um die abgespaltene Geschichte autonomer Bilder handelt. Die fiktiven Subjektivitäten unterhalten sich übereinander in den Fragmenten einer selbstbezüglichen Sprache, die in radikaler Immanenz nur noch um sich selbst kreist und die nichts anderes zum Inhalt hat als das Zitat eines anderen Zitates.

Doch um eine Stadt der Erfahrung zugänglich zu machen, bedarf es der Unterstützung einer ihr adäquaten unbewussten Phantasmagorie. Nur was diese uns zu suchen weist, können wir auch finden. Seit die Bilder jedoch in der Leere eines »Ortes« zu treiben beginnen, dessen Substanz von der Kultur restlos aufgesogen worden ist, hat die Stadt nichts mehr zu sagen. Sie bleibt stumm, um sich einen von außen herangetragenen Diskurs einzuverleiben, den sich, vom Bürgermeister bis zum gehetzten Touristen, alle Welt unterschiedslos zu eigen machen kann.

Seit dem einige Jahre vor dem Mauerfall begonnenen, unter dem unheilvollen Titel »kritische Rekonstruktion« firmierenden Wiederaufbau beginnt die Physiognomie des Territoriums von Berlin, das bis dahin durch die politische Schärfe seiner inneren Grenze geprägt gewesen war, zunehmend zu verschwimmen. Heute ist das geografische Raster, das an der durch und durch politischen Teilung der Stadt ausgerichtet war, verschwunden. Zurück bleibt eine Leere, angefüllt mit den beliebigen und ungeschichtlichen, aller Welt gehörenden Bildern, die die absolute Kultur seit ihren Anfängen aufgehäuft hat. Gerade dort, wo der Widerstand gegen die seit Beginn der Moderne voranschreitende Fiktionalisierung am hartnäckigsten erschien, ist er unter den vereinten Stößen einer politischen Umwälzung internationalen Ausmaßes und einer umfassenden Erneuerung der lokalen Wirtschaft plötzlich und endgültig zusammengebrochen. Diese Stadt, deren Territorium so dicht mit historisch-politischer Bedeutung übersät war und im Westen darin ihresgleichen suchte, hat sich innerhalb weniger Jahre in einen jungfräulichen Raum verwandelt. Eine leichte Beute für Architekten, die sich auf diesen Ort stürzten, wo man scheinbar alles von Null an erschaffen und neu erfinden konnte. Die *Tabula rasa*, dieser alte Mythos der abendländischen Architektur, erschien plötzlich als konkrete Möglichkeit, und dies, ohne dass es einer physischen Bereinigung bedurft hätte. In einer Umgebung, die alle Merkmale eines Orts ohne Eigenschaften angenommen hatte, genügte es, Geschichte von nun an zu behandeln, als sei sie der Fiktion entsprungen. Allerdings verfiel man der Mär von der Postmoderne etwas zu schnell und übersah dabei völlig, dass die Moderne zuerst alle ihre Versprechen abzugelten trachtet, bevor sie einer Nachfolgerin Platz macht. Dennoch: Die Geschichte sollte eine Erzählung sein, woraus alle Konsequenzen zu ziehen seien. Doch diese rein kulturelle Operation beachtete nicht, dass die in den Bildern enthaltene negative Ladung, einmal an die frische Luft gebracht, die Arbeit der Architekten mit einem Fluch belegen und den Sinn ihrer *Tabula rasa* verkehren würde. Und siehe da, anstelle der fröhlichen Koexistenz verschiedenartiger Stile ist das Nichts erschienen. Je weiter die Rekonstruktion der Stadt voranschreitet, desto mehr verliert Berlin an Konsistenz. Die gewaltige Baustelle des Potsdamer Platzes, das spektakulärste Bauvorhaben nach dem Fall der Mauer, war nur eine Illusion, in die sich die Architekten und ihre Kritiker verrannten. Denn vor jeder Möglichkeit, eine riesige freie Fläche zu werden, ist Berlin immer schon eine *Tabula rasa politica*. Mit jeder neu bebauten Brache gibt die Stadt ein weiteres Stück ihrer Wirklichkeit auf. Diese außerökonomische Logik bestimmt das Verhältnis zwischen der Rekonstruktion und der neuen Identität. Die Bagger folgen hier einer imaginären Spekulationsbewegung, in der die materiellen Bedingungen einem spielerisch-kulturellen Willen unterworfen sind, nicht andersherum. Die politische und damit einhergehende geografische Teilung der Stadt ist durch kulturelle Unterscheidungen ersetzt worden, die sich nur anhand eines fortlaufenden Wechsels kurzlebiger Überzeugungen und Ereignisse erhalten. Dieser Fluss der Fiktionen, der sich in allen Stadtvierteln ausgebreitet hat oder wenigstens dazu in der Lage ist, verschafft der geistigen Geografie der Stadt eine neue Gestalt und Einheit.

Das Berlin nach dem Mauerfall markiert eine letzte große Etappe in der Entwicklung der westlichen Stadt. Hier kehrt sich das Verhältnis zwischen dem von Baron Haussmann als »ein gewaltiger Verbrauchermarkt, eine kolossale Werkstätte« beschriebenen materiellen Gefüge und seiner Repräsentation endgültig um. Mit dem allgemeinen Umbruch der städtischen Gesellschaft und der Befreiung der Vorstellungs- und Symbolwelten aus der sakralen Ordnung nahm die moderne Stadt im 14. Jahrhundert Gestalt an. Im ausgehenden Mittelalter begann die Hauptstadt eine zunehmende Selbstständigkeit gegenüber der Gewalt des Reiches und des Königs zu entwickeln, durch die die anderen Städte weiterhin gebunden blieben. Zwei Arten von Konflikten prägten diese Entwicklung: Die Kämpfe der Städte zwecks Unterwerfung des umliegenden Territoriums sowie die innerstädtischen Kämpfe zwischen den gesellschaftlichen Gruppen und Sozialfiguren um die Macht. Diese Kämpfe waren begleitet von sukzessiven Veränderungen der Idee der Bürgerschaft. Die mittelalterliche städtische Gesellschaft wurde nicht allein von den Erdbeben der modernen Ökonomie verschüttet, sondern auch und vor allem aufgrund einer Erosion der religiösen Kräfte und einer Neuanordnung der Beziehungen zwischen Laien und Klerikern, die paradoxerweise durch das überaus politische und weltliche Engagement der Bettelorden noch beschleunigt wurde. Mit der Umstrukturierung der Arbeit machten die Zünfte und *arti* (Gilden) Platz für Kirchenräte und Bruderschaften, die auf freier Berufswahl beruhten und den Individuen (Frauen eingeschlossen) sehr viel freiere Handlungsmöglichkeiten zustanden. So schlossen sich Laien den Bruderschaften an und beschleunigten damit die Liberalisierung der Arbeit und die Modernisierung der städtischen Sozialstruktur. Konkret bedeutete dies, dass die »Orte« der kirchlichen Macht selbst, etwa Domkapitel oder Pfarrhäuser, die während des Mittelalters die Grundversorgung innerhalb der Stadtmauern sichergestellt hatten, in kurzer Zeit ihren religiösen Charakter verloren und zu Regierungszentralen weltlicher Institutionen wurden. Während des Übergangs zur Moderne spaltete sich die Gesellschaft ökonomisch in reiche Handelsoligarchien und kleine Handwerker, womit die frühere Trennlinie zwischen Adel, Patriziern und geistigen Berufen wie Jurist oder Arzt neu gezogen wurde. Eine ganze Reihe unwesentlicher Hierarchisierungen, die noch von einer sakralen Wahrnehmung der Stadt herrührten, blieben gleichwohl bestehen. Die moderne Organisation der Stadt brachte jedoch eine zunehmende Komplexität mit sich, mit der die Stadtbewohner ihre reale Freiheit anders wahrzunehmen begannen. Zwar konnten sie dank der Säkularisierung der Gesellschaft die Fesseln der vertikalen Herrschaft der kirchlichen und weltlichen Mächte abwerfen, die ihnen eine feste Position in einer unbeweglichen Gesellschaft zuwiesen. Doch bald schon machten die Stadtbewohner mit einer anderen Form von Zwang Bekanntschaft und fanden sich in ein Gewirr auf ihnen lastender horizontaler und dynamischer Beziehungen verstrickt, die mit den neu entstandenen Institutionen und den zu bewältigenden Techniken der Spezialisierung einhergingen. Der Stadtbewohner ist der bürokratischen Maschine jedoch nicht gänzlich ausgeliefert: Wo er gezwungen wird, seine Autonomie zu opfern, kann er bald in einem unmittelbar zugänglichen demokratischen Anderswo eine Form grenzenloser Freiheit wiedererlangen. Im Verschwinden der heiligen Macht, die den Städtern die Notwendigkeit ihrer Rollen und Pflichten aufzeigte, steigt die Kultur als zweite Macht auf, in deren urbanen Bilderwelten sich das Individuum im Genuss einer subjektiven und harmlosen Freiheit ergehen kann, während es von den objektiven Kräften erdrückt wird.

Die soziale Geografie der modernen westlichen Großstadt entspinnt und entwickelt sich in Form eines unentwirrbaren Geflechts zwischen den objektiven ökonomischen Bedingungen und den subjektiven Projektionen der gesellschaftlichen Gruppen. Im Verlauf des 20. Jahrhunderts diente die Kultur nicht nur als Mittel symbolischer Kompensation für die ökonomischen Entbehrungen der benachteiligten Stadtteile mit sich anschließender ökonomischer Aufwertung – die Kunstgalerie als bewährte Beauftragte für Abwasserentsorgung eines Viertels. Sondern sie diente vor allem zur Entlastung von den Zwängen, die den ausdifferenzierten Verwaltungstechniken des Metropolenlebens entspringen. Indem sich das Individuum an einem Set von Bildern und Ereignissen orientiert, die mit bestimmten Ecken der Stadt verbunden sind, glaubt es als freies Wesen zu handeln, während seine Umgebung in Wirklichkeit alle seine Entscheidungen und Bewegungen vorgibt. Die postpolitische Stadt des Westens, wie sie nach dem Zweiten Weltkrieg wiedererstanden ist, spaltet sich tendenziell in eine Vielzahl ökonomisch-kulturell differenzierter Zonen auf, die von immer homogeneren Gruppen besetzt werden: den jungen »Kreativen«, den Einwanderern, den Familien, den sozial Schwachen. Diese Zonen verflechten sich, nähern sich an, stoßen sich ab im Takt der Wertkonjunkturen der ökonomischen und kulturellen Variablen. Im Nachkriegsberlin ist diese urbane Anordnung so vollständig neu organisiert worden, wie es in Europa zuvor noch nie geschehen ist. Die Stadt ist nicht mehr wiederzuerkennen. Der »Rest« des Politischen, der den Exzess des Freund-Feind-Gegensatzes überlebt hat, beherrscht alle Beziehungen und wird zum dominanten Einfluss auf die Stadt, bis er die Kultur einer Art Mutation unterzieht. Im Ostteil der Stadt beschränkte sie sich auf ihre neoklassizistische Propagandarolle, im Westteil produzierte sie Bilder zur Entlastung von den wirklichen Zwängen. In reinster postromantischer Tradition nahmen die Bewohner Westberlins ihre Lage in der Wirklichkeit nur dank der Vermittlung »subjektiver Bilder«

wahr, also durch Bilder, die das Subjekt als Fiktion neu zusammensetzen, ihm die Freiheit und Autonomie zusprechen, die es im wirklichen Leben entbehrt. Doch zum ersten Mal in der Geschichte der absoluten Kultur spendet ein Großteil dieser Bilder keinen Trost mehr, sondern beschränkt sich auf die Widerspiegelung einer Wirklichkeit, die sich bei ihrem eigenen Verschwinden zusieht. Die dunkle Aura, die Westberlin wie eine *Underground*-Postkarte aus einer längst vergangenen Epoche ausstrahlt, entspringt dem im Westen bislang unbekannten Paradox einer Fiktionenproduktion, deren Versprechen ganz auf der Abwesenheit eines Versprechens beruht. Mit den Avantgarden der zwanziger Jahre zähmte die absolute Kultur den Mythos der Revolution, um wieder Ordnung herzustellen. In Westberlin führte sie in gigantischem Maßstab das Experiment eines positiven Gebrauchs des Negativen durch. Nach dem Mauerfall und dem plötzlichen Ende einer von der Politik in der Schwebe gehaltenen stadtgeschichtlichen Ausnahmesituation, musste die absolute Kultur erneut ihrer Pflicht nachkommen und die positiven Versprechungen ihrer Anfänge einlösen. Doch nimmt sie ihren Ausgang in einer Stadt, in der sich die von dem Wirklichen hervorgebrachten Zwänge und Gegensätze verflüchtigt haben. Auch wenn der Unterschied zwischen reichen und armen Stadtteilen nicht aufgehoben ist – Marzahn ist nicht Dahlem –, hat sich Berlin jetzt an kulturellen Koordinaten ausgerichtet. Die schlichte binäre Teilung in einen grauen Ring aus Wohnvierteln und einen von ihnen umschlossenen fiktiv hochwertigen und lebendigen Kern, der austauschbar gewordene Stadtteile zusammenfasst, ist die einzige Erinnerung, die sich die Stadt an ihre jüngere Vergangenheit bewahrt hat. Das Feld ist bereitet: Nach dem Mauerfall kann die Kultur in Berlin endgültig ihre Entlastungsarbeit ruhen lassen, mit der sie in allen anderen westlichen Großstädten weiterhin die Zwänge erträglicher macht, unter denen das Leben der Städter leidet. Das Kultur-*Entertainment* hat sich dem Stadtgefüge aufgepfropft und es sich vermöge des imaginären demokratischen Prinzips, das alle historisch-politischen Besonderheiten tilgt, Stück für Stück einverleibt. Was auch immer ihr wirklicher Ursprung sein mag, der fiktiven Subjektivität musste diese Welt der vollkommenen Gleichwertigkeit aller Erscheinungen als ihr Gelobtes Land erscheinen.

Der amerikanische Frontier-Mythos war eine wilde Mischung ungleicher und sich gegenseitig aufstachelnder Motivationen wie der Eroberung der Neuen Welt, der Vorstellung eines

Garten Eden, des »Neuen Menschen« und des Kommerzes. Sein Herzstück bildete der Kampf mit der feindlichen Natur. In der Morgendämmerung der Moderne in Europa entstanden, kehrt dieser Gründungsmythos im Augenblick seiner Vollendung nach einem amerikanischen Zwischenspiel an seinen Ursprungsort zurück. Hat wie im neuen Berlin die Sicherheit der Kultur erst einmal das Risiko des Geschäfts ersetzt, endet das Abenteuer der Eroberung, und der »Neue Mensch« trägt nur noch die banalen und wohlbekannten Züge einer beliebigen fiktiven Subjektivität. Er ist kein Pionier, sondern der späte Kolonist, der sich auf einem bereits eroberten Terrain niederzulassen trachtet, das alle Eigenheiten verloren hat, die an seine hochpolitische Geschichte geknüpft waren. Jeden Tag fallen Scharen fiktiver Subjektivitäten in Billigfliegern auf den Berliner Flughäfen ein. Sie scheinen angelockt von einer undefinierbaren Korona aus Kreativität, niedrigen Mieten und moderaten Bierpreisen. In Wirklichkeit aber zieht sie eine viel unwiderstehlichere Kraft in die Hauptstadt eines Landes, dessen Sprache, Geschichte und vieles andere sie allzu oft ignorieren. In Berlin besitzt der Raum nicht mehr seine »festen Schultern«, um »dem Nichts« etwas entgegenzusetzen (Nietzsche). Hier hat sich der fiktiven Subjektivität, die für die imaginäre Freiheit ihre Konsistenz eintauschen musste, eine Umwelt aufgetan, in der sie in absoluter Geborgenheit aufblühen kann, ohne jemals durch Entdeckung ihrer eigenen Nichtigkeit aufgeschreckt zu werden. Der Tradition des deutschen Mittelalters zufolge »macht Stadtluft frei«. Das heutige Berlin demonstriert, wie die Moderne diese Freiheit interpretiert: nicht als Freiheit, die sich einem politischen Kampf verdankt, sondern als Freiheit, die ermöglicht, sich »kulturell« von der Wirklichkeit zu verabschieden. Der verdächtige Ruf einer preisgünstigen Stadt, an dem ihre neuen Bewohner Gefallen finden, ist nichts als der Oberflächenreflex einer tieferen ontologischen Wahrheit. Das allumfassende Durchrechnen und obsessive Sparen, sogar fern jeder ökonomischen Notwendigkeit, fügt sich in die antrainierten Praktiken einer fiktiven Subjektivität, die nichts ausgeben will und kann, weil sie nichts ist. Sie fühlt sich in Berlin zuhause, selbst wenn sie nicht dort lebt. Wenn das Individuum nur noch kulturellen Erfahrungen ausgesetzt und alles nur Event ist, hat die Erwartung des Bekannten die Macht des Zufalls ersetzt. Das Risiko und die Leidenschaft des Verlusts seiner selbst, die Billigung des Schicksals, die aus dem Gang durch die Großstadt eine existentiell revolutionäre Bewährungsprobe machten, sind zu einem Nichts zusammengeschrumpft. Berlin ist nicht mehr jene »kreisende Weltfabrik« (Else Lasker-Schüler), in der Franz Biberkopf nach dem Fall die Erlösung erlebte und in der Kästners Fabian seinen desillusionierenden Bildungsprozess durchlief. Mehr als ein Ort ist die Stadt zu einer idealen Existenzgrundlage für den »Neuen Menschen« der Kultur geworden. Dieser neue Mensch betreibt keinen »Kultus des geistigen Mittelmaßes und der Öffentlichkeit«, wie Spengler glaubte, sondern er ist selbst die Verkörperung der geistigen Mittelmäßigkeit und der Öffentlichkeit, einer kontrastierten Öffentlichkeit, die er in ebenso viele partielle Wahrheiten bricht, wie seine Existenz Momente zählt. Antrieb dieses neuen, und doch so alten Menschen ist die öffentliche Zurschaustellung seiner momentanen Einzigartigkeit, die ihn von den anderen unterscheidet, mit denen er sich doch notgedrungen zusammenschließen muss. Er hat die Freund-Feind-Unterscheidung durch die kulturelle Unterscheidung zwischen Ich und Nicht-Ich ersetzt. Und die ihm »charakteristische Form der öffentlichen Wirksamkeit«, dieses Mal hat Spengler recht, ist »*die Diatribe*«. Die kollektivierte Feier der gleichen imaginären Freiheit hat nämlich nicht verhindern können, dass ein allgemeiner und fortdauernder heftiger Konflikt zwischen vorübergehenden Lebensformen entbrannt ist, denen allesamt ontologisch verwehrt bleibt, über die bloß punktuelle Bestätigung ihres subjektiven Unterschieds hinauszugelangen, an dem ihre ganze Existenz haftet. Dieser Konflikt wird, obwohl durch Bilder vermittelt, mit umso härteren Bandagen geführt, als er die Unmöglichkeit einer politischen Konfrontation mit Bestrebungen moralischer Vernichtung kompensiert. Im Sommer 2011 konnte man auf den Mauern der Stadt das Graffiti »Gays, Nazis & Hipsters fuck off!!!« lesen, nebst dem umkringelten A des Anarchismus. Im Namen einer egalitären und humanistischen Politiktradition werden hier, gleichgültig gegenüber der Geschichte und unberührt von der ganzen Lächerlichkeit, Homosexuelle und trendbeflissene Jugendliche mit Nazis gleichgesetzt. Vom Zeitgeist geführt, haben der oder die Urheber des Graffitis unbeabsichtigt enthüllt, dass die politischen Symbole jede Bedeutung verlieren, wo Repräsentationskonflikte über alles andere die Oberhand gewinnen.

Die symbiotische Verschmelzung von Politik und Ästhetik feiert in Berlin fröhliche Urständ. Doch dieses Mal handelt es sich nicht um eine Ästhetisierung der Politik. Indem Goebbels Credo noch radikalisiert wird, reduziert sich das Politische vielmehr darauf, nur noch als Inhalt einer Präsentation zu existieren. Seit ihren Anfängen bei den deutschen Frühromantikern hat die absolute Kultur die Verklärung der Wirklichkeit durch die Bilder zu ihrem einzigen Daseinsgrund erhoben. Doch diesen Bildern ist es nie gelungen, das Wirkliche zu ersetzen oder auch nur zu transformieren. Sie haben es lediglich dazu gebracht, sich anders zu organisieren. Fiktionen sind übrigens immer kohärenter und geordneter als die Wirklichkeit, die unter ihrer von Moral und Ökonomie getriebenen Repräsentation instabil, trivial, chaotisch, ungeordnet, weder falsch noch richtig, weder gut noch böse ist. Die Politik stand immer für die äußere Grenze des von der absoluten Kultur geordneten Systems, und diese Grenze markierte einen *wirklichen* Unterschied, an dem sich die zweitrangigen Unterschiede innerhalb des Systems der absoluten Kultur ausrichteten. Dass sich die Ereignisse einen möglichst politischen Anschein geben wollten, war also durch die Illusion eines möglichen Kontakts mit der Wirklichkeit bestimmt. Jeder Unterschied im Inneren der absoluten Kultur konnte nur ein zweitrangiger Unterschied sein. Die Ereignisse haben aus diesem jedoch immer die eine Konkretisierung und Überschreitung der einzig entscheidenden (doch unerreichbaren) Grenze zwischen Fiktion und Wirklichkeit gemacht, einen letzten und befreienden Augenblick, in dem die Ästhetik zum Politischen durchstößt. Diese endlose Reihe von Konflikten innerhalb des Imaginären prägt seit mehr als zwei Jahrzehnten die Beziehungen der fiktiven Subjektivitäten, die die fiktiven Gegensätze gleichwohl immer gelebt haben, als seien sie wirkliche Gegensätze. Das Politische hat in der Entwicklung der Moderne indes immer eine widersprüchliche Stellung innegehabt. Es war die absolute Grenze eines Kulturprozesses, die er zu überschreiten trachtete, indem er sich alle Herrschaftsverhältnisse durch Fiktionalisierung unterordnete. In dem Augenblick, da das Politische aufhört, die Ästhetik von außen zu begrenzen, und gleichfalls in diesen Prozess hineingezogen wird, um als neutraler Gehalt der Ereignisse ausgestellt zu werden, erzeugt diese Dynamik der Umwidmung aller Konflikte in kulturelle Unterschiede einen ersten und verhängnisvollen Blindgänger. Die Kultur büßt ihre Fähigkeit ein, innerhalb ihrer eigenen Geschichte Unterschiede hervorzubringen, und sackt erschlafft in sich zusammen. Eine vollkommen ästhetisierte Politik ist *leer* und eine vollkommen politisierte Kultur ist *null und nichtig*. Berlin, wo selbst der Clubbesuch als Widerstandsakt gegen eine Welt daherkommt, die sowieso nicht mehr existiert, bezeichnet keinen geografischen Ort mehr. Berlin ist die Konkretisierung dieses Nullsummenspiels. Indem sich die absolute Kultur des Politischen als des Anderen entledigt, das ihren eigenen Abläufen Sinn verlieh, verbleibt sie nur noch als Instrument der Gleichsetzung unwesentlicher Unterschiede, die sie selbst hervorgebracht hat.

Die Wiederkehr der Ästhetik als rein dekorative Funktion (Lange Nacht der Museen/Wissenschaft/Galerien und populistische Festivals für jeden Geschmack) zeigt paradoxerweise die Allmacht, die die absolute Kultur erlangt hat. Sieht man von der Spezialisierung auf das Nachtleben ab, die wie eine Karikatur von Hitlers Plänen wirkt, Paris zum Bordell Europas zu degradieren und Germania, sein von Speer neu geordnetes Berlin, zur politischen Hauptstadt des Tausendjährigen Reichs zu erheben, ähnelt Berlin jeder beliebigen Stadt, auch wenn sich nur hier die Schmiedefeuer des Fiktiven endgültig von den physischen Orten und der Materialität des Objekts emanzipiert haben. Das Nichts zirkuliert hier freier als anderswo, seine verselbstständigte Produktion bedarf keiner sozialistischen Intervention des Staats. Im Klartext: Nantes wird niemals Berlin sein. Nur hier, wo die absolute Kultur ganz alleine das

Heft in die Hand genommen hat, kann sich der Nihilismus über die ganze Wirklichkeit ausbreiten. Wenn jedes Individuum in einer unmittelbaren Beziehung gegenseitiger Abgrenzung mit allen anderen verbunden ist, ist die einzigartige *lingua franca*, die von allen fiktiven Subjektivitäten geteilt wird, der freie Ausdruck dieses sie konstituierenden Nichts. Sie ist das Idiom eines Zeitalters *minimaler* Freiheit, in der das Individuum, ob es die Herrschaft schon akzeptiert oder nicht, in die Notwendigkeit seines eigenen Verschwindens einwilligt.

Endstation der Moderne

Diese Zeitlichkeit des Verschwindens/Wiederauftauchens des Individuums hat den Marsch der Moderne mit einem zunehmend kulturellen Rhythmus unterlegt. Endstation dieses Marsches ist Berlin, dessen Physiognomie ganz und gar nicht dem üblicherweise vom Universaljournalisten kolportierten Bild einer innovativen Stadt entspricht, sondern durch und durch vom Sinn für Tradition bestimmt ist. Sobald die Geschichte ihre Versprechen eingelöst hat, werden ihre Geburtshelfer, die Antagonismen, durch die Unbeweglichkeit einer humanistischen Tradition ersetzt, für die die Bilder nur noch als Unterstützer ihrer rein sentimentalen Rhetorik Wert besitzen. Ein angesagtes Restaurant kann sich mit einem antikapitalistischen Neon-Kunstwerk schmücken, und niemand ist imstande, das Lächerliche daran zu erkennen.

Die Moderne beginnt mit einem Territorialereignis: der räumlichen Umstrukturierung der alten Ordnung des mittelalterlichen Europa. Die Entstehung einer Vielzahl territorial geschlossener und souveräner Staaten setzte der übergeordneten Einheit der *Res publica christiana*, in der sich Papst, Könige und Kaiser einer gemeinsamen pastoralen Mission unterstellten, ein Ende. Diese Veränderung der geopolitischen Organisation des europäischen Territoriums (die Carl Schmitt *Nomos* nennt) hätte nicht das Ende einer Epoche eingeläutet, wenn diese neuen räumlichen und metaphysischen Grenzen nicht zugleich jenseits des Politischen in Bewegung geraten wären. Die moderne Geschichte folgt einer inneren Dynamik, aus der die Notwendigkeit eines transzendenten Prinzips noch lange nicht vollständig verschwunden ist. Sie erscheint vielmehr von Anfang an unvollendet, weil sie auf der ursprünglichen Trennung von einem absoluten Jenseits beruht. Dieses Jenseits gründet jedoch nicht mehr auf der transzendentalen Vertikalität des Göttlichen, sondern wurde auf die horizontale Ebene der Zeit verlagert und mit dem Versprechen beseelt, durch einen radikalen Sprung in jedem Augenblick erreichbar zu sein. Noch bevor am Ende eines langen Zyklus von Religionskriegen die neue europäische Ordnung einer

Pluralität sich gegenseitig als gleichwertige moralische Personen anerkennender Staaten im Westfälischen Frieden ein stabiles Gleichgewicht fand, wurde die Autorität dieser kleinsten politischen Einheit bereits aus einem außerpolitischen Blickwinkel infrage gestellt. Die Insel Utopia aus Thomas Morus' Buch aus dem Jahr 1516 befindet sich in einem absoluten »Anderswo«, an einem Ort, wo das Territorium keine andere Substanz besitzt als »das Glück« seiner Bewohner. Indem die Utopie das Versprechen eines glücklichen Lebens auf die Distanz zur staatlich organisierten Ordnung gründet, erscheint sie wie eine politische Negation des Politischen. Schnell verschafft sich die absolute Kultur das Monopol für diese Negation. Sie unterwirft die politischen Auseinandersetzungen einem Entwirklichungsprozess, der sie in moralische Urteile oder ökonomische Tauschwerte verwandelt. Vermittelt über die Ästhetik nehmen damit die Moral und die Ökonomie den Platz des Politischen ein. Doch nachdem sich diese Negation im Inneren des Politischen eingenistet und deren Substanz vollkommen in sich aufgesogen hat, werden die Menschen vor die Wahl gestellt zwischen einer egalitären und totalisierenden Verschmelzung mit dem Leib des Leviathan einerseits und der Flucht in einen Raum unendlicher Freiheit, die allerdings leer ist, weil sie auf der Fiktionalisierung subjektiver Unterschiede beruht, andererseits. Weil dem Politischen die völlige Verkehrung seiner Voraussetzungen widerstrebte, schien ihm bestimmt, sich nur als überpolitische Gewalt eines totalitären Staats oder als kulturelles Versprechen einer ausschließlich in den Bilden ausagierten Befreiung zu verwirklichen. Mit ihrem Gründungsmoment, der im Zeichen der Konfrontation zwischen der durch die Politik der europäischen Reichs- und Religionseinheit gestifteten räumlichen Ordnung und dem kulturellen Akt einer »utopischen« Auflösung dieser Staatsgrenzen steht, lässt sich die Moderne als Überbietungsdynamik von Staat und Revolution rekonstruieren. *Die Utopie* von Thomas Morus ist nur eine erste, noch statische Infragestellung des Fundaments, auf dem die politische Ordnung des europäischen Raums sich umzustrukturieren begann. Das wirklich Neue von Morus' Buch ist nicht die Apologie einer Abschaffung der Hierarchie, des gesellschaftlichen »Ranges«, mit der er die Konsequenz aus seiner moralischen Kritik am Aristokratenstolz zieht. Und es ist auch nicht seine Wiederaufnahme des platonischen Kommunismus. Was auch immer die sozialen Probleme der sich darin spiegelnden Epoche oder die wahren Intentionen des Autors gewesen sein mögen, seine Kritik wiederholt nur etwas ironischer und radikaler die Angriffe, die die nordeuropäischen Humanisten schon recht früh gegen die Relikte der mittelalterlichen politischen Ordnung geführt hatten. Neu war dagegen der Versuch einer exakten Nachzeichnung der ideologischen Grenzen des Staats, durch die Morus die Wirklichkeit der Politik zugleich in leere Möglichkeit sowie in ethische Tadellosigkeit auflöste. Das von der absoluten Kultur einige Jahrhunderte später angeeignete Bild einer Gemeinschaft von Heiligen sollte als Ideal den machiavellischen »Condottiere« ablösen, der, ganz in die Kontingenz der Tatsachen verstrickt, an der Aufgabe scheiterte, einen Kollektivwillen zu einer politischen Kraft zusammenzuschweißen und zu lenken. Die moderne Politik gründet sich also auf einen Raum, der von Anfang an als ontologisch unvollkommen denunziert und fortan ständigen, nie abgeschlossenen Ausbesserungsarbeiten unterworfen wurde. Die Reise zur Insel Utopia schreibt sich in die neue Geografie einer Welt ein, deren metaphysische Grenzen sich immer weiter bis ins Unendliche ausdehnen.

Während sich die politische Ordnung in diesem beginnenden neuen Zeitalter von der heiligen Macht als ihrem Zentrum abwendet, verbindet sie sich mit dem Topos des Versprechens. Das Versprechen wird zur Bedingung der Verwirklichung dieser Ordnung und zugleich zur Grundlage des Erfolgs der absoluten Kultur. An der Schwelle zu dieser neuen Epoche findet Giordano Bruno, nachdem er »die Grenzen der Welt überschritt« (*Das Aschermittwochsmahl*), als Erster den Mut, alle Konsequenzen aus den Erfahrungen eines postkopernikanischen Universums zu ziehen. Die göttliche Macht findet nicht mit der Erschaffung eines endlichen Universums sein Ende, sondern erschöpft sich in einer Unendlichkeit von Welten, die kein historisches oder räumliches Zentrum zulassen. Die häretischen Schlussfolgerungen der antischolastischen Kosmologie Brunos zwingen zur Ablehnung des Dogmas der Menschwerdung Gottes, was wiederum die Existenz eines absoluten geschichtlichen Anfangs ausschließt. Seine Geschichtsauffassung kombiniert ein Zeitverständnis, das teilweise dem althergebrachten Denkmuster eines zyklischen Geschichtsverlaufs verhaftet bleibt, mit einer Art »organischem Wachstum«. Das Menschengeschlecht bringe durch Nachahmung der göttlichen Allmacht dieses Wachstum hervor und sei dazu bestimmt, es zukünftig auch zu vollenden. Das Versprechen der Utopie, die bei Morus noch zeitlich unbestimmt geblieben war, ist so an die Idee des Fortschritts als Weg zu ihrer Verwirklichung geknüpft. Hier tritt diese Idee zum ersten Mal klar hervor. Damit sich der Fortschritt von seiner Verwobenheit mit der Natur, die von den frühen Modernen nie zur Diskussion gestellt wurde, lösen kann, bedurfte es des von der Aufklärung in Gang gesetzten Prozesses, der bis heute andauert. Seit die Gelehrtenrepublik autoritär über dem gesamten öffentlichen Raum thronte, schuf sie ein moralisch-ästhetisches Tribunal, das sich nach und nach von den Geschmacksfragen abwandte, um sich eine politische Kritik des Staates anzumaßen. Die Zeit schreitet nun unter der alleinigen Gerichtsbarkeit der Kultur voran. Sinn und Zweck dieser unendlichen Bewegung sollte eine absolute Freiheit sein, untrennbar verbunden mit der Entdeckung der Wahrheit. Seit dem 18. Jahrhundert scheinen der Fortschritt und seine absolute Vergegenständlichung, die Revolution, für lange Zeit im Zeichen des Neuen ganz alleine über den Takt der Ereignisse zu bestimmen, an deren Ende das Versprechen auf die moralische Verwandlung des Menschen steht. Genau in diesem Moment wird die politisch erzeugte und mit Schaffung der Nationalstaaten absolut gewordene räumliche Spaltung in einer Welt permanenter Heilserwartung zunehmend mit der

Leidenschaft des »Umbruchs« kontaminiert. In einer Passage von *Das Leben des Henry Brulard* resümiert Stendhal prägnant diesen chiastischen Rollentausch von Kultur und Politik sowie die Umkehrung der Werte, die er mit sich bringt. Stendhal zufolge hat das Pamphlet *Was ist der dritte Stand* des Abbé Sieyès nicht nur »den ersten Streich gegen die politische Aristokratie« geführt, sondern auch »unwissentlich die literarische« Aristokratie begründet. Die Französische Revolution gebiert eine neue Ordnung und neue Hüter, die bereitstehen, sie zu verteidigen. Von da an sind die Menschen einer doppelten Zeitlichkeit unterworfen: dem neutralen Fortschritt der Technik, dessen Rhythmus durch den Fortschritt der sekundären Regierungstechniken (Ökonomie, Recht, Medizin) bestimmt ist, und der mythischen Zeit der Kultur, die nicht mehr einer aufstrebenden Linearität folgt, sondern unablässig den Kreislauf von Erwartung und Wiederholung der Ereignisse durchläuft, die sich als Ende, Auflösung und Heil der gesamten Geschichte darstellen oder darzustellen suchen. In dieser geteilten Zeitlichkeit bildet der Staat nicht mehr den Bezugsrahmen. Er wird nach und nach durch selbstständige Verwaltungsverfahren einer zunehmend vergesellschafteten öffentlichen Sphäre ersetzt, von der das Individuum als Bedeutungseinheit ausgeschlossen ist. Parallel zur Auszehrung des Staats als minimalem politischen Raum, der lediglich im Feld der Semantik überlebt zu haben scheint, hat sich der »imaginäre« Raum der absoluten Kultur ausgedehnt, in dem die Subjekte um den Preis ihrer endgültigen Trennung von der Welt ihre volle Autonomie wiedererlangen. Die postromantische Nachtlandschaft der absoluten Kultur, das andere Gesicht der Gesellschaft, ihr gleichzeitiges Getrennt-, *und doch* Untrennbar-Sein von der Tagseite, erhellt sich regelmäßig im kurzen Strohfeuer der Ereignisse, die schon im Augenblick ihres Aufscheinens ihr Versprechen aufgebraucht haben, endlich den Moment der Entscheidung herbeizuführen. Mit den Avantgarden und der letzten pyrotechnischen Großtat der durch sie in Gang gesetzten Ereignisse enthüllte sich vor aller Augen die Komplizenschaft dieser beiden Welten: der Welt, in der das Subjekt in eine Mannigfaltigkeit technischer Funktionen zerlegt ist, und der Welt, in der es sich im Genuss einer fiktiven Freiheit als vollständig wähnt. In der ersten konstruktivistischen Arbeitsgruppe, die sich 1920 in Moskau zusammenfand, manifestierte sich die Ungeduld der Ereignisse, sich von der zähen Schicht dichterischer Illusionen zu befreien, die sich auf dem von der absoluten Kultur gewobenen Zeitgefüge abgesetzt hatte: »Die Gruppe tritt für einen unbarmherzigen Kampf gegen die Kunst im Allgemeinen ein.« Die fiktive Subjektivität gibt sich nicht mehr mit den Versprechungen zufrieden, die sie in ihrem moralisch untadeligen, aber heillos unleiblichen Universum gefangen hielt. Die Zeit ist gekommen, den Sprung aus dem Fiktiven heraus zu wagen und endlich ins Leben durchzubrechen.

Dieser Drang zum Wirklichen bewirkte genau das Gegenteil des Erhofften, denn er erhöhte noch die Frequenz, mit der sich seit Beginn der absoluten Kultur die Ereignisse nach ihrem Eintreten wieder verflüchtigen. Die Demarkationslinie zwischen Kultur und Wirklichem ist nicht nur unüberschreitbar, in der Aufrechterhaltung der Trennung liegt sogar gerade der Sinn der Negationsbemühungen der Ereignisse. Die ideologische Niederlage der Avantgarden bemisst sich an der Größe ihres vordergründigen Triumphs. Es war diese Schule, in der das moderne Subjekt gelernt hat, sich zu den Tatsachen wie zu Fiktionen zu verhalten, indem es sich nämlich selbst zur Fiktion machte, um sich ganz einer grenzen- und inhaltslosen Freiheit erfreuen zu können. Obwohl die verschiedenen Macht- und Organisationstechniken, die sein gewöhnliches Leben zu einem Ganzen verbinden, dem Subjekt zunehmend passive und differenzierte Verhaltensweisen aufzwingen, sieht es sich selbst nur als ganzes Subjekt und im Vollbesitz seiner Autonomie, durch die es an der eigenen fiktiven Zukunft aktiv teilhat. Die absolute Kultur ist ein ununterbrochener Strom von Bildern und Ereignissen, in dem die Unterschiede zwischen Moral und Ökonomie, öffentlich und privat, Verantwortung und Vergnügen vollkommen aufgehoben sind. Inmitten der ihr als Umwelt dienenden Welt der Technik bleibt sie dank ihrer Flexibilität überlegen. Die Kultur ist umfassend, selbstreflexiv, Misserfolge sind ihr unbekannt. Wichtig ist allein, dass das Tempo aufrechterhalten wird. Welche Inhalte dabei vernutzt und verbreitet werden, bleibt gleichgültig. Dieses Produktionsregime lässt sich mit der Formel n+1 darstellen, in der *n* für die Gesamtheit der bisherigen Ereignisse steht. Ob sie sich gegen oder für die Welt stark machen, ob sie sich gegen oder auf Seiten der Kulturmaschine selbst positionieren, Inhalt und Ausrichtung der Ereignisse haben lediglich Einfluss auf den Rhythmus der Produktion anderer Ereignisse, mitnichten aber auf die Möglichkeit, den Kreislauf selbst zu stoppen. Im Mittelpunkt dieser Produktion steht der Konflikt. Der absoluten Kultur ist es gelungen, den Konflikt aus der Domäne der Politik, wo er im 20. Jahrhundert zur reinen Gewalt heruntergekommen war, zu sich herüberzuziehen. Sie verwandelte ihn, vor allem durch die Arbeit der Avantgarden, in die perfekte Fiktion. Denn ganz gleich, ob diese Fiktion nun das Wirkliche affirmiert oder negiert, sie bietet nur Anlass für eine weitere Fiktion. In der zweiten Nachkriegszeit, in der die Ausübung der Herrschaft vollkommen in die Hände der Kultur übergegangen ist, steigert sie noch ihre Macht, die Ereignisse zu reproduzieren, und vollzieht damit einen entscheidenden Schritt zu ihrer eigenen Verabsolutierung. Der Konflikt, von dem sie zehrt, wird selbstreferenziell. Die Kritik der Kultur begibt sich durch die Verdopplung des moralischen Urteils, das bis dahin allein über die Gesellschaft gefällt wurde, ins Innere des von den Ereignissen entgrenzten Raumes selbst. Ab den fünfziger Jahren zeichnet die Kulturkritik in ihren verschiedenen Varianten immer dasselbe Bild eines Volks passiver und entfremdeter Zuschauer unter der Allmacht der tyrannischen Industrie des Spektakels. Diese doppelt fiktive Rekonstruktion des Wirklichen ist nicht nur falsch, weil sie sich auf die unberechtigte Voraussetzung einer ontologischen Differenz zwischen Sein und Erscheinung gründet. Sie ist auch paradox, weil sie ein unerschöpfliches Reservoir an

Bildern und Ereignissen schafft, aus dem sich eben jener Fiktionalisierungsprozess bedient, und dem sich die Kulturkritik zu widersetzen glaubt. Das Spektakel des »Spektakels« lässt sich überhaupt nur in Bezug auf eine Idee der Erlösung des Menschengeschlechts verstehen, die sich – so schließt sie den Teufelskreis der Kulturkritik wieder – nur Dank der Kultur und der Bilder verwirklichen sollte. Als eine weltliche Nachahmung der rein eschatologischen Logik, wird sich die Kulturkritik leicht mit der Heiligen Schrift einig: »Die Rache ist mein, ich will vergelten« (*Deuteronomium* 32, 35). Schon die Avantgarden hatten die Utopie erfolgreich von ihren politischen Ursprüngen weggeführt, mit ihnen wurde die Utopie zu einem kommerziell verwertbaren Produkt. So brachte die Kulturkritik in der Nachkriegszeit schließlich eine ganze Schar von Marktschreiern hervor, die sich damit abmühten, diesen höchst modischen Kulturartikel in den Verkaufsauslagen zu platzieren. Und es bedurfte nur weniger Jahre, bis die Utopie zum freien Konsum angeboten werden konnte. Dies ist der Moment, an dem Berlin am Horizont erschien.

Am Ende des Zweiten Weltkriegs verläuft die Trennungslinie zwischen New York und Moskau mitten durch Berlin. Diese abstrakte Linie, die bald zu einer höchst konkreten Mauer werden sollte, war trotz ihres international ausstrahlenden Charakters nur ihrer Erscheinung nach »global«. Nach Entdeckung der Neuen Welt zu Beginn der Moderne hatten die europäischen Mächte mehrere Versuche unternommen, diesen unerforschten Teil der Welt mithilfe globaler Linien zu zerlegen und unter sich aufzuteilen. Diese Initiativen waren Teil einer allgemeinen Umstrukturierung des Völkerrechts. »Am Anfang steht die berühmte, in dem Edikt des Papstes Alexander VI. *Inter caetera divinae* vom 4. Mai 1494, also wenige Monate nach der Entdeckung Amerikas gezogene Linie. Sie verläuft vom Nordpol zum Südpol, 100 Meilen westlich des Meridians der Azoren und des Cap Verde.« (C. Schmitt, *Der Nomos der Erde im Völkerrecht des Ius Publicum Europaeum*) Von dieser ersten Linie an folgten die globalen Linien der Evolution der Kartografie und zerschnitten die geografische Oberfläche der Erde mit dem Ergebnis höchst ideologisch aufgeladener politischer Einteilungen (zum Beispiel die »westliche Hemisphäre«). Die Berliner Mauer erweist sich als nachträgliche globale Linie, die nach der gründlichen moralischen Spaltung der Welt in Gut und Böse keine weitere Bildung eines Territoriums mehr zuließ. Aber aus der Abwesenheit von *Ortung* lässt sich nicht notwendig auf die Abwesenheit von *Ordnung* schließen, wie es Carl Schmitt, von einem einfachen Wortspiel geleitet, in einer Notiz vom 20. August 1948 in seinem *Glossarium* tut. Ganz im Gegenteil, aus dieser Trennlinie erwächst eine neue Ordnung. Diese profitiert auf der Ebene der internationalen Beziehungen von der Korrosion des Nationalstaats, während sie im Inneren des Staats die Auflösung der Politik vollendet, die seit Beginn der Moderne erst den Staat und dann den Nationalstaat ins Zentrum ihres Systems gestellt hatte. Die Inkonsistenz der nationalen Souveränität in der neuen internationalen Ordnung des Kalten Kriegs korrespondiert mit der Ohnmacht des Staats angesichts sich verselbstständigender Konflikte, die zunehmend kulturell geprägt sind. Die Ordnung gründet sich jetzt nicht mehr auf politische Landnahme durch den Staat, der im Übrigen vollkommen mit der Gesellschaft verschmolzen ist, sondern auf ein Gleichgewicht zwischen zwei abstrakten Organisationsformen des menschlichen Lebens, der Technik und der Kultur. Während die Technik das Individuum auf bloße Funktionalität reduziert und dadurch zwingt, seine Autonomie vollständig aufzugeben, stattet die Kultur es mit einem hypertrophen und imaginären Ich aus, dessen extreme moralische Freiheit nur Kompensation für seine Entwirklichung darstellt. Die Situation Berlins in der Nachkriegszeit ist einzigartig: In diesem historischen Augenblick und in dieser Stadt gelangt die Trennung zwischen Technik und Kultur nicht nur zu ihrem Höhepunkt, sondern sie bildet auch fast perfekt die Grenzlinie zwischen den zwei Machtblöcken ab, die einander in der kalten Phase des europäischen Bürgerkriegs gegenüberstehen. Das westliche System konstruiert das Individuum als Subjekt, das über Fiktionen, die tendenziell alle gesellschaftlichen Beziehungen wenn nicht ersetzen, so doch wenigstens verdoppeln, souverän verfügt. Dem gegenüber steht ein Regime, das sich auf einen technokratischen und ikonophoben Kommunismus gründet. Der Kalte Krieg ist auch und vor allem ein Konflikt um die Darstellung der Wirklichkeit. Im Osten geht die wirtschaftliche Zwangskollektivierung mit der notgedrungenen Rückkehr zu einer unfreien, noch an die Idee geknüpften Realitätsdarstellung einher, die den Kommunismus unter einer Flut von anderswo herangezogener Bilder zu einer paranoiden (und zum Scheitern verurteilten) Überwachungspolitik zwingt. Im Gegensatz dazu scheint im Westen, im Licht des Gegenbeispiels des Kommunismus, die Produktion der Fiktionen notwendig mit den Rechten des Individuums und der Verkümmerung der staatlichen Autorität verknüpft.

Die neue Aufgabenteilung zwischen Technik und Kultur entspringt einer ideologischen Überfrachtung der postpolitischen Spaltung der Welt, die der Zweite Weltkrieg hinterlassen hat. In Wahrheit sind Technik und Kultur immer miteinander verflochten, wie Goethes Faust sehr wohl bewusst war. Als dominante gesellschaftliche Organisationsformen treten sie nur auf dem neutralen Boden, der beiden Lagern des Kalten Kriegs gemeinsam war, in Gegensatz zueinander: Auf dem Boden der Abwesenheit des Politischen. Das Berlin der Wiedervereinigung hingegen beschreibt die perfekte Versöhnung dieser zwei Spielarten gesellschaftlicher Organisation, indem es die lange Geschichte der modernen Feindschaft gegen die Politik zur Vollendung bringt. Machiavelli, Hobbes und Bodin sind Väter ohne Nachkommen. Die Freiheit des Individuums auf der einen, die Entstehung einer totalen Gesellschaft auf der anderen Seite: Die Politik war nicht in der Lage, den Widerspruch zwischen diesen zwei von der Moderne selbst hervorgebrachten Phänomenen aufzulösen. Das Problem des Individuums, wie seine subjektive Freiheit auszuüben sei, während es sich mit fortschreitender Entwicklung der Gesellschaft zunehmend in objektive Zwangsverhältnisse eingespannt fand, konnte erst durch seine Neuzusammensetzung als fiktive Einheit gelöst werden. Diese fiktive Subjektivität gedeiht in einem konfliktfreien Raum, in dem ihre Freiheit keine Forderung, kein Recht und auch kein Wunsch mehr darstellt. Die komplexe Entwicklung hin zur Verwaltung des Lebens unter den zwei Anerkennungs- und Unterwerfungsformen von absoluter Kultur und spezialisierten Techniken sah besonders im Laufe des 20. Jahrhunderts extreme Bemühungen zur Wiedereinführung des politischen Territorialkonflikts, den die vereinten Kräfte der Technik und Kultur neutralisieren sollten. Der europäische Bürgerkrieg, der den Takt des 20. Jahrhunderts, des »traurigen Jahrhunderts«, bestimmte, wurde vom Ansturm einer zur reinen Gewalt gewordenen Hyper-Politik getragen. In Gestalt absoluter Regime auf beiden Seiten der Front versuchte diese Hyper-Politik, der Moral und der Ästhetik die Kontrolle über das gesellschaftliche Leben der Menschen zu entreißen.

Die Verschmelzung von Staat und Gesellschaft, die im Laufe der ersten Nachkriegsjahre total wurde, ließ die klassischen Strukturen des politischen Lebens verkümmern und eine Wiederkehr des Politischen unmöglich werden. Westberlin ist dem Krieg als eine Landschaft aus Brachen und Ruinen entstiegen. Diese Ruinen widersetzten sich der rein technisch durchgeführten Rekonstruktion und boten damit der Repräsentation einen Gegenstand, an dem sich über die Verbrechen einer Zeit meditieren ließ, in der Zukunft wie Vergangenheit die Möglichkeit einer totalen Katastrophe in sich bargen und die Apokalypse eine reale Gefahr darstellte. Die »Wüste«, die Zarathustra hatte wachsen sehen, fand so schließlich ihren Ort auf der Landkarte. Von dieser ganz unmetaphorischen Leere aus sollte die absolute Kultur ihren Blitzkrieg führen, um das Territorium der Stadt an sich zu reißen und es von allen Möglichkeiten eines wirklich politischen Konflikts zu säubern. Die Ausnahmesituation Berlins in der Nachkriegszeit zeigt sich an der fast monopolartigen Stellung, die die Kultur im Westteil der Stadt im Verhältnis zu den Relikten der Politik einnimmt. Unmittelbar mit technokratischer Gewalt konfrontiert, die sich in der totalen Gesellschaft im Osten in Perfektion ausformt, führt die absolute Kultur von Westberlin aus ihren Gegenangriff im Namen der Werte des freien Individuums. Die Faszination, die Westberlin auf die radikalsten Randgruppen der europäischen Jugend ausübt, lässt sich nur aus dieser offen überlegenen Stellung der Kultur gegenüber der technokratisch-politischen Macht verstehen. Die absolute Kultur hat in Westberlin den Übergang zu ihrer postavantgardistischen Phase vollzogen. Das Verhältnis des Subjekts zu den Ereignissen ist nicht mehr über seinen Glauben an das Befreiungsversprechen vermittelt, sondern über den Genuss seiner selbst in unbestimmter Erwartung. Die Ereignisse versorgen die fiktive Subjektivität zwar auch weiterhin mit der Illusion, als freies Individuum zu handeln. Aber zugleich stellen sie die in einen Zustand der Schwerelosigkeit eingetretene Subjektivität auch davon frei, sich eine politische Überzeugung zu eigen machen zu müssen. Sie befreien sie von dem Zwang, sich als Teil einer Wertegemeinschaft zu fühlen oder sich gar zu einer oppositionellen gesellschaftlichen Kraft zusammenzuschließen. Die ästhetisch-nihilistische Pose des Berliner *Underground* der siebziger und achtziger Jahre wirkte ebenso zugunsten einer Austreibung der Politik wie die zur selben Zeit von den Stadtbehörden propagierte Fortschrittsbegeisterung für die freie Entfaltung der Kultur. In der übertriebenen Konsumfreude der Schaufenster am Ku'damm und in den Kreuzberger Bars und Clubs experimentierte die absolute Kultur mit zwei komplementären Versionen – von weißer und von schwarzer Magie – ein und desselben Zaubers, den sie im Augenblick der Vereinigung der Stadt in größerem Maßstab in aller Ruhe erneuern sollte.

Die Beseitigung der Substanz des Stadtgefüges durch die Bomben der Alliierten begünstigte den Aufstieg der absoluten Kultur in Westberlin. Was blieb, war nur Geschichte, die für die Entwendungen durch die Kultur eine leichte Beute darstellt. Überall sonst im Westen hatte sich die absolute Kultur noch mit der Aufgabe herumzuschlagen, auf subtile Art und Weise jene gesellschaftlichen Verbindungen zu destabilisieren, die trotz allem ein politisches Wirkungsvermögen bewahrt hatten. In dem Maße, wie sich das öffentliche Leben der Menschen unter der koordinierten Autorität von Ästhetik, Moral und Ökonomie vollzog, wurden alle Reste eines wirklichen, den grundlegenden Unterscheidungen des Politischen gerecht werdenden Raums, des *Nomos*, von einer neutralisierenden Kraft gebannt, deren Wirkung noch viel tiefer ging als die angloamerikanischen Bombardements. Das ist der verborgene Sinn der Raumplanung, die die öffentliche Hand in der Nachkriegszeit unter Beihilfe von Urbanisten und Soziologen betrieb. In Frankreich erlebte sie unmittelbar nach '68 mit Pompidou und seinen vom avantgardistischen Aberglauben durchdrungenen futuristischen Projekten ihre spektakulärste Phase, um sich unter der Präsidentschaft Mitterands nach dem dürftigen Schema Wohnblock-Einkaufszentrum-Stadtteilbibliothek abzunutzen. Die gemeinsamen wirtschaftlichen Interessen der großen Handelsketten und der (in Frankreich alle Unterschiede innerhalb des parlamentarischen Spektrums übergreifenden) sozialistisch-technokratischen Behörden erzwangen eine Verlagerung des Schwerpunkts des öffentlichen Lebens aus den historischen Zentren hinaus. Dadurch entzogen sie den Bürgern ein Territorium, auf dem und von dem aus es ihnen möglich gewesen war, Differenzen festzuhalten und wirkliche Ansprüche zu artikulieren. Mit der Ankunft von Einwanderern an diesen Nicht-Orten schien sich die Entwurzelung der Bewohner in eine politische Kraft transformieren zu können, doch diese neuen Bevölkerungsgruppen wuchsen in einer kulturell konstruierten Fiktion ihrer Identität und ihrer Rechte auf, sodass ihre Revolten die Gestalt einer Karikatur von Politik, die Gestalt permanenten Krawalls annehmen mussten. Der Krawall ist eine Bewegung hedonistischen Charakters, ganz von einer kurzlebigen Selbstbefriedigung mit maximaler moralischer Genugtuung bestimmt und weit entfernt von dem reichen Gehalt einer politischen Widerstandshandlung. Der Krawall ist mithin reiner Ausdruck der politischen Schwäche, die der fiktiven Subjektivität anhaftet. Er bricht hervor als spielerischer und spontaner Widerpart zu den institutionellen Praktiken, um ihnen gewaltsam das gleiche politikfreie, aber mit Bildern gesättigte Terrain streitig zu machen. Es ist kein Zufall, wenn der Krawall in seiner kurzen zeitgenössischen Geschichte für eine künstlich produzierte Klasse, »die Jugend«, sei sie studentisch, aus den sozialen Brennpunkten oder künstlerisch-kosmopolitisch, zum Protestmittel der Wahl geworden ist. Diese verschiedenen Manifestationen der Jugend vereinigen sich alljährlich in Berlin bei den 1. Mai-Krawallen, diesem neuen politisch verkleideten Karneval für angeheiterte fiktive Subjektivitäten.

Dem partiellen Denken bleibt die neue Ordnung der absoluten Kultur verborgen. Seine von der Moral beseelte Reflexion treibt sich jeweils nur in den zwei Sphären herum, deren Kräfte die institutionalisierte Aufhebung des Politischen tragen: in der ästhetischen oder der ökonomischen. Der Nihilismus oder die Krise des Kapitalismus erscheinen diesem Denken in beiden Sphären als der einzige Schlüssel zur Lösung des Rätsels. Den Mythos, dass die Erneuerung durch eine Revolution gebracht werden soll, haben hingegen beide gemein. Vor dieser Rede heuchlerischer Rechtfertigung, die aus der Aufklärung stammt und die es der absoluten Kultur erlaubte, die Rolle einer Doppelagentin in der Entwicklung der Moderne zu spielen, bot die Mauer Berlin zeitweise einen gewissen Schutz. Diese Ereignisse haben als rein ästhetische Produkte immer selbst darauf hingewirkt, die Tatsachen durch Fiktionen zu ersetzten, indem sie als ihr einziges Beurteilungskriterium eine subjektive und von realen Inhalten bereinigte Freiheit durchsetzten. Gleichzeitig nährten sie die Illusion ihrer moralischen Überlegenheit über die »Brutalität« des Interesses. Diese Illusion konnte lange aufrechterhalten werden, weil die Ästhetik durch Ökonomie und Moral zum Dienstboten herabgedrückt worden war. Solange die Mauer Berlin teilte, war Westberlin tatsächlich eine »kulturelle« Ausnahme, insofern sonst überall die Fiktion unweigerlich in den Dienst des von der Technik produzierten Positivs gestellt wurde. Selbst wenn, oder vielleicht gerade weil das Politische hier ihre verzweifeltsten Schlachten gegen die Moral und die Ästhetik schlug, sind Bilder entstanden, die sich vom Großteil des avantgardistischen Erbes des Westens ebenso unterscheiden wie von der Rückkehr zum ikonischen Realismus des Ostens. Es waren Bilder ohne Versprechen. Der gegenwärtige Kult positiver Zurschaustellung, der von nun an einzigen Existenzbedingung auf Wirklichwerdung wartender Individuen, erscheint uns vor dem

Hintergrund dieser hoffnungslosen Bilder von damals in der ganzen Geschmacklosigkeit trügerisch glitzernder Politverkleidung, mit der die absolute Kultur diesen Kult ausstaffiert. Dennoch darf man nicht den Fehler begehen, diesen verzweifelten, einer Ausnahmesituation entsprungenen Bildern nachträglich eine feste Verbindung mit dem Wirklichen zu unterstellen oder gar die Möglichkeit des Zusammenbruchs der Situation in sie hineinzuprojizieren. Eine solche Verbindung haben sie nie besessen oder auch nur angestrebt. Die Ereignisse in Westberlin haben keinen Weg in die Welt der Tatsachen eröffnet. Der Kulturzyklus von Erwartung-Versprechen-Erwartung erfuhr nur ein erstmaliges Stocken. Nach dem Mauerfall musste er lediglich seinen Rhythmus wiederfinden, was mit einer solchen Beschleunigung geschah, dass sich die Erwartung heute selbst genügt. Jene Westberliner Ästhetik des apokalyptischen, nicht mit Moral besudelten Pessimismus blieb für den technokratischen Optimismus der kommunistischen Propaganda ebenso undurchdringlich wie für die Heuchelei der »Kulturkritik«, diese zwei gegensätzlichen, aber spiegelbildlichen Versionen des aufgeklärten, aus der Aufklärung ererbten und von der Unmöglichkeit politischer Positionierung lebenden schlechten Gewissens. Auch wenn die menstruationsrot gefärbten Haare von Christiane F. gleichermaßen durch eine unüberwindliche Barriere vom Wirklichen getrennt sind, gehören sie doch einem Lokalidiom an, das dem Geschwätz, den Mahnungen und empörten Demonstrationen der Berliner Gegenkultur heute nicht mehr geläufig ist. Diese universalistische und deterritorialisierte Gegenkultur begnügt sich nämlich nicht damit, abgetretene, alte Banalitäten wiederzukäuen. Sie übernimmt vielmehr die Aufgabe, die Optimismusmaschine wieder in Gang zu setzen. Logischerweise wird diese Kultur der politischen Bauchrednerei sich beeilen, der Produktion jener dissidenten, »verzweifelten Bilder« ein baldiges Ende zu bereiten, die sich für einen kurzen Moment dem dreifachen Patronat des Wahren, Guten und Gerechten hatten entziehen können.

Am Ende der Moderne hat sich die Obsession für die Wahrheit aus Bayles Gelehrtenrepublik in eine alle Individuen erfassende Transparenz verwandelt. Diese Durchsichtigkeit ist weder durch irgendeine Form von Zwang noch durch Kontrolle erwirkt. Sie entspringt dem verallgemeinerten spontanen Bekenntnis. Wie es die Utopie der absoluten Kultur verlangte, stellt sich zwischen der Freiheit des Individuums, sich endlos an sich selbst zu erfreuen, und der Wahrheit die perfekte Harmonie ein. Diese Harmonie, die kein Relikt des Wirklichen mehr stören kann, gedeiht vermittels des Bildes. Sie ist nicht das Resultat eines vom Gerichtshof der Vernunft gefällten Urteils, sondern die Konsequenz des moralischen Misskredits, in den alles gerät, was sich jemals dagegen auflehnt, durch die Repräsentation in eine Ordnung gebracht zu werden. Das Individuum hat sich dem von Kant angeprangerten Zustand der »Unmündigkeit« nicht dank politischer Emanzipation entzogen, sondern indem es sich aus freien Stücken in das doppelte Schicksal ergeben hat, in einer durch Technik organisierten Welt funktionalistisch zersplittert zu sein und im Reich der absoluten Kultur seine »Renaissance« als autonomes, nicht-verantwortliches, aber fiktives Subjekt zu feiern. Die Freiheit, an der es sich gütlich tun will, auch wenn es dafür beim Eintritt in die Ordnung des Kultur-*Entertainment* seine Konsistenz einbüßt, wächst mit seiner Bereitschaft, sich durch die Bilder mobilisieren zu lassen.

Die Avantgarden zerschlugen den romantischen Geniemythos und trieben die absolute Kultur auf die Spitze, indem sie die verselbstständigte Produktion der Fiktionen perfektionierten. Um alle objektiven, mithin potenziell politischen Differenzen durch einander gleichwertige subjektive Sichtweisen ersetzen zu können, mussten die Individuen selbst in einer Abfolge reproduzierter, sie in keiner Weise betreffender Bilder und Ereignisse einander gleichgestellt werden. Ihre Unterwerfung unter die zwei eng verknüpften Systeme der Technik und der Kultur sowie die Herstellung eines Privatlebens, das sich um den freien Selbstgenuss des Ich dreht, beruhen dabei auf ein und demselben Organisationsprinzip. Am Ende seines langen öffentlichen Entwirklichungsprozesses ist das Individuum nur noch ein von vielfältigen Bildern durchwandertes offenes Feld, der subjektive Ausschnitt einer über es hinausreichenden objektiven Bewegung in der Zeit. Die durch die Technik massiv begünstigte zwanghafte Bemühung dieses spätmodernen Subjekts, dem eigenen Selbst Ausdruck zu verschaffen, ist der Zirkulation von Wahrheitsfragmenten untergeordnet, die es nur noch als partielles Moment repräsentiert. Als die Romantiker begannen, die Darstellung von der Idee zu entkoppeln, erreichten die Bilder das Stadium vollständiger Autonomie. Heute vollenden sie ihre ontologische Metamorphose. Sie sind von dem Versprechen, das Wirkliche zu transformieren, jenem Versprechen, das sie nicht erfüllen konnten, entbunden, womit sich das Reich des Daseins nun als reine Positivität besetzen lässt. Für den Skandal einer Stadt, in der die Bilder es wagten, in aller Öffentlichkeit ihr eigenes Nichts auszustellen, dafür nimmt die absolute Kultur auf ihrem Triumphzug Rache, das ist sie sich allemal schuldig. Als Zeichen tiefster Erniedrigung wurde Berlin in seiner Kapitulation die Loveparade aufgezwungen.

Die Entstehung eines durch die Bilder vollkommen vom Genuss seiner selbst abhängig gemachten Subjekts begleitet und beschleunigt die Logik der Deterritorialisierung. Angefangen mit der Infragestellung nationalstaatlicher Souveränität hat diese Logik die Moderne auf einen Kurs in »imaginärer« Richtung gebracht. Im Berlin nach dem Mauerfall dienen die Ereignisse nicht mehr dazu, das Subjekt vom Drangsal einer Wirklichkeit zu entlasten, in der es ohnehin nicht mehr als autonome Einheit existiert. Sie bilden stattdessen die einzige Umwelt, in der dieses Subjekt sich zu kennen meint und zu erkennen gibt. Nachdem die absolute Kultur Schicht für Schicht das Stadtgefüge abgetragen hat, kann sie schließlich die letzte Bastion angreifen, die sich der Kolonisierung durch das Fiktive noch widersetzt: Indem sie ihre antiräumliche Logik zur äußersten Konsequenz treibt, nimmt sich die extreme Bewegung der Deterritorialisierung des Privatlebens an. Mithilfe einer immer zudringlicheren Technik wird dieses öffentlich nachgestellt und auf einem Markt, der ebenso wirklich wie symbolisch ist, als austauschbare Ware angeboten. Der Berliner Schriftsteller Reinhard Jirgl hat diese neue Situation unfreiwillig auf den Punkt gebracht, als er darauf aufmerksam machte, dass Berlin nach dem Mauerfall seine »Menschen baut«. Die Freiheit ist nicht länger der Fluchtpunkt, auf den sich vormals die von Zwang und/oder Propaganda getragene Politik beiderseits der Mauer ausrichtete. Im Ostteil verlangte die techno-bürokratische und ikonophobe Herrschaft eine genaue Planerfüllung. Das zwang sie dazu, einen reinen Gewaltapparat einzurichten, um die schon *a priori* der Dissidenz verdächtigen Bürger zu kontrollieren. Die durch Bilder vermittelte Flucht des Individuums aus der Totalität dieser Gesellschaft musste antizipiert und unterbunden werden. Für alle, die die Gewalt einer auf Macht und Technik gegründeten zweidimensionalen Realität zu spüren bekamen, behielt »die andere Seite« eine Verlockung, auf die sie ihre grundlegende »imaginäre« Hoffnung richteten. Doch die Freiheit, die sich diese wirklichen Subjekte einer nicht durch Kultur vermittelten Herrschaft erhofften, löste sich ebenso schnell in Luft auf, wie das Unterdrückungssystem, in dem sie gelebt hatten. Auf den Ruinen dieser zwei Welten, die einerseits durch Zwang, andererseits durch ein Versprechen zusammengehalten wurden, erschaffen Technik und Kultur, unter der Schirmherrschaft des Bildes miteinander versöhnt, eine neue Form der Freiheit. Es ist eine Freiheit, die die Ordnung nicht gefährdet, sondern zu deren treuester Beschützerin wird. Ihr hat es die Herrschaft zu verdanken, dass sie sich um die Kontrolle des Individuums nicht mehr sorgen muss. Es genügt, wenn sie sich auf seine Erschaffung beschränkt.

Mimetischer Kommunismus

Am Ausgang der Volksbühne, wo sich Anfang der dreißiger Jahre SA und KPD gewaltsame Auseinandersetzungen lieferten, zieht heute das Publikum gesittet seiner Wege, nachdem es unbeteiligt dem Vortrag des gerade angesagtesten kommunistischen Philosophen gelauscht hat. In aller Frühe stehen an einem anderen Ort der Stadt Hunderte von Menschen friedlich in einer langen Schlange. Häufig warten sie mehrere Stunden lang, um am Türsteher des Berghain vorbeizugelangen, der ihnen mit einer einfachen Kopfbewegung über Einlass oder Abweisung Auskunft gibt. In Berlin erinnern uns zahlreiche Alltagsszenen daran, dass das Ziel jedes utopischen Gesetzentwurfs die Aufrechterhaltung der »Ordnung« ist. Schon Thomas Morus pries die Utopier als das am besten »geordnete« Volk auf Erden. Doch in seiner

Ordnung hatte die Idee von Freiheit keinen Platz. Die Humanisten des Nordens glaubten allgemein nicht, dass sich eine Regierung, die für Ordnung, Harmonie und Frieden sorgen konnte, um die Freiheit ihrer Bürger scheren müsse. Die Beziehungen der Macht zu den objektiven Individualisierungsformen, also der Ökonomie, Ästhetik und Moral, bedurften einer radikalen Umwälzung, damit die Freiheit keine Bruchstelle im Herrschaftsgefüge mehr bildete.

Um die absolute Kultur ihr Projekt individueller Befreiung im mimetischen Kommunismus der Bilder und Ereignisse vollenden zu lassen, musste die Moderne das Terrain der Politik schnell hinter sich lassen. Wenn der Kommunismus nach Ernst Bloch das ist, worauf die Menschen seit jeher mit dem Wort »Moral« zielen, dann scheinen seine Realisierungsbedingungen nur durch die absolute Kultur hergestellt werden zu können. Denn diese vereint im Dunstkreis der Restpolitik Ökonomie und Moral unter dem Deckmantel der Ästhetik. Der hyperpolitische Kommunismus unterwarf, mit Berlin als einem seiner Zentren, die Individuen ganz egalitär der *Arbeit*, indem er zwangsweise die Bilder durch die Technik ersetzte. Seine Niederlage war abzusehen. Die Individuen waren zu maximalem Einsatz für die Arbeit gezwungen. Das System musste darüber wachen, dass es zu keinerlei Verausgabung ihrer Energien an ein anderes Zeitregime als das der *Technik* kam. Daher diese umfassende Überwachung, die sich nicht darauf beschränkte, die Individuen zu kontrollieren, sondern darauf zielte, ihnen die Beichte ihrer geheimsten und intimsten Wünsche und Bilder abzutrotzen. Der mimetische Kommunismus der Bilder beruht dagegen auf einem völlig anderen und sehr viel wirksameren parapolitischen Tauschregime zwischen der Macht, der Technik und den Bildern. Er stürzt sich nicht in das aussichtslose Unterfangen, die Individuen im Leib des Leviathan restlos verschwinden zu lassen. Vielmehr reizt er dieselben Individuen dazu, freiwillig ihrer Auflösung in einem polymorphen Ich zuzustimmen, das durch die differenzierten Ansprüche spezialisierter Techniken der Lebensorganisation – etwa der Medizin, der Arbeit, dem Recht oder der Verwaltung – vollkommen vereinnahmt ist. Für ihre Folgsamkeit werden sie mit einer neuen öffentlichen Identität entschädigt, einer fiktiven Subjektivität, deren Wahlfreiheit zwischen austauschbaren Unterschieden nicht mehr in Widerspruch zu den reaktiven und standardisierten Verhaltensweisen gerät, die diese Techniken erfordern. Es handelt sich um eine neue Form kollektivierter Arbeit, in die das Individuum als Produkt eines sich von Bild zu Bild drehenden Kreislaufs integriert ist. In diesem Kreislauf ist die Freiheit in den Dienst der Aufrechterhaltung der gesellschaftlichen Ordnung gestellt. Was dem Individuum als Zufall erscheint, ist durch das System aufgenötigt. Die zerstreute fiktive Subjektivität bewahrt allerdings noch die nostalgische Sehnsucht nach der politischen Substanz, die das Individuum opfern musste, um zum Paladin einer nachträglichen Moral zu werden. Die illusorische, weil rein reflexive Freiheit erlaubt es dieser Moral jedoch nicht, je etwas an der Welt zu ändern, sie muss sich mit bloßen Urteilen über die Welt begnügen. Das Individuum mag so ganz im wechselhaften Fluss der Ereignisse untergehen, doch es muss sich den Glauben bewahren, dass dieser Fluss es in eine günstige Richtung treibt: Die Richtung der außerzeitlichen Zukunft, die vorgeblich immer kurz bevorstünde, eine Zukunft, in der dem Individuum alles erlaubt sein würde – unter der Voraussetzung, nichts mehr wirklich zu wollen. Mit einem ganz eigentümlichen Elan ist es bereit, seine Selbstauflösung zu akzeptieren, sofern es sich als das politische Tier gebärden darf, das es schon seit Langem nicht mehr ist oder vielleicht noch nie war. Diese Transsubstantiation findet in Berlin perfekte Bedingungen. Hier, wo die Politik im

Verlauf des 20. Jahrhunderts die sichtbarsten Spuren ihrer eigenen Niederlage hinterlassen hat, erscheint der Übergang zu einer neuen, durch die absolute Kultur bestimmten Herrschaftsform unaufhaltsam. Dieser Übergang, der der Herrschaft den Einsatz von Gewalt erspart, indem er sie einzig auf Ausnahmesituationen beschränkt, kann nur gelingen, wenn die Figur des Politischen als Halluzination erhalten bleibt. Ihre leeren Konturen fügen sich genau in die strikt kulturellen Ereignisse: Die folkloristischen Krawalle des 1. Mai in Kreuzberg und Neukölln, das Abfackeln von Luxuskarossen, die Spontandemos junger Autonomer sind mächtige Ereignismultiplikatoren, unter deren Ausdrucksform die Vermählung von Kritik und Ökonomie verborgen bleibt. Der moralische Standpunkt der kollektiven fiktiven Subjektivität, die Dank dieser Ereignisse Gestalt annimmt, bestärkt sich noch in der ästhetischen Verklärung ihrer Einzigartigkeit. Wie eine junge Marketingberaterin und Medieneventmanagerin in der *ZEIT* erklärt, verleihen alle diese Widerstandsposen der Stadt ein besonderes Profil, das »nicht schlecht für das Image« der mit Gütesiegel ausgezeichneten Produktpalette ist, als die Berlin sich vermarktet. Die Vorspiegelung der Politik im Augenblick ihrer Abwesenheit ist ein ausgezeichnetes Mittel, um die Wirtschaft anzukurbeln. Seit die Ökonomie der Kultur unterworfen wurde, bestimmt jedoch nicht mehr sie den Tanz der fiktiven Subjektivitäten. In Berlin beschränken sich Produktion, Tausch und Konsumtion von Gütern darauf, aus ihrer ontologischen Unterordnung unter die Zirkulation der Bilder Profit zu schlagen. Jeder weiß zum Beispiel, dass ohne ein Milieu von Kunstsammlern in Berlin kein ernstzunehmender Kunstmarkt existieren kann. Und doch breiten sich gegen jede ökonomische Logik die Kunstgalerien weiter aus. Sie übersäen den Leichnam der Politik wie postmortale Wülste. Der Bezirk Mitte ist aus seiner sowjetischen Nacht aufgestiegen wie eine nihilistische Phantasmagorie.

Hat die Moderne, nachdem sie sich ganz und gar auf die Seite der Kultur schlug, erst einmal mit der Einlösung ihrer Versprechen begonnen, tritt ihre wichtigste Triebkraft, die Schöpfung des Neuen, auf der Stelle. Unter der Zeitlichkeit der absoluten Kultur kommt alles zu spät, und was neu ist, verschmilzt mit dem, was schon war. Bereits seit Langem beschränkten sich die Bilder auf das Versprechen einer verklärten Wirklichkeit, nur um sich schließlich, ohne auch nur die geringste Gegenwehr zu erfahren, selbst an die Stelle jener Welt zu setzen, die sie in Bausch und Bogen verurteilt hatten. Der Kaisersaal des Hotel Esplanade, der die Bombardements der Alliierten überstanden hat, erscheint als Filmkulisse – als Bild einer mythisierten Vergangenheit in Bob Fosses *Cabaret* oder als Bild einer gefährdeten Zukunft in Wim Wenders *Der Himmel über Berlin* – viel wirklicher als das kristallisierte Geschichtsfragment, das im Sony Center am neuen (und artifiziellen) Potsdamer Platz wie Treibgut aus einem anderen Universum hinter Glas für die Touristenmassen ausgestellt wird. Obwohl die Utopie die klassische Zeitlichkeit überwinden will, bewahrt sie immer ein ambivalentes Verhältnis zur Vergangenheit. Diese erscheint fraglos als eine Zeit der Verwahrlosung, die die Utopie wieder gutmachen möchte. Sie kann aber durchaus auch einen mythischen Ort bezeichnen, den wiederzufinden die Utopie uns zur Aufgabe macht. Wenn es die »Städte der Zukunft [...] auch schon in der Vergangenheit [gab]«, wie der russische Konstruktivist Boris Arvatov behauptete, wenn die Vergangenheit wie in Berlin zweimal ihre eigene Identität verloren hat, dann beschränkt sich die Zukunft auf eine unbestimmte Erwartung. Der Schriftzug »Bonjour triƨteƨƨe« auf dem Giebel des von Álvaro Siza Vieira entworfenen Gebäudes am Schlesischen Tor zielte auf die Mauer und musste bis zu ihrer Öffnung warten, um sich voll und ganz zu bewahrheiten. Selbst die Verzweiflung an der irrationalen Trennung, die Berlin aufgezwungen worden war, ist dem Glück vorzuziehen, zu dem die Stadt heute verurteilt ist: dem wattierten Glück am Morgen nach dem Rave, der kein Ende nehmen will.

In einer Stadt, in der die Zeit nur ein Ort ist, den man besichtigt, sind die zahllosen besetzten Häuser zu den meistbesuchten Touristenattraktionen avanciert. Vor einem Horizont, an dem sich niemals ein Feind zeigen wird, ragen sie wie Blockhäuser auf, die einen völlig imaginären vergangenen Krieg überstanden haben. Sie sind befestigte Plätze zur Verteidigung eines Fleckchens Erde, das längst erobert ist. Ob sie als Relikt der Vergangenheit zu gelten haben, ist keineswegs ausgemacht, denn es lässt sich nicht ausschließen, dass sie die festlichen Vorboten einer strahlenden Zukunft mit schalen Getränken, erschlagenden Debatten und mittelmäßigen Konzerten und Kunstwerken darstellen. Ihre regelmäßigen Besucher wissen nie wirklich, ob sie zur Zerstreuung dort sind oder um sich auf irgendeine letzte Schlacht vorzubereiten. Vielleicht alles zugleich. In der Erwartung, dass vor ihrer Tür noch unerbittlichere Feinde als die verirrten und wohlmeinenden Touristengruppen auftauchen mögen, können sie sich in der Tat glücklich schätzen, noch da zu sein. Das Individuum ist im Augenblick seiner Befreiung durch die Bilder für seine Umgebung vollkommen durchlässig geworden. Es kennt nicht mehr die »feindliche Zweiheit« (G. Lukács) von Seele und Welt, die dazu zwang, Position zu beziehen, und ihm die Möglichkeit sicherte, sich ein Schicksal zu schmieden, wenn es auch auf seine Niederlage hinauslaufen mochte. Der vollkommene Einklang von Welt und Individuum beruht darauf, dass dem Bewusstsein seine Nachrangigkeit gegenüber der Umgebung, die es zu entdecken glaubt, verborgen bleibt. Die Welt ist ihm von nun an sicher vertraut, aber es weiß nicht, dass sie nicht seinen Gesetzen gehorcht, sondern es vielmehr selbst, als Individuum, nur eine unter vielen möglichen Projektionen dieser Welt ist. Für den Kunstkritiker Paul Westheim war Berlin in den zwanziger Jahren »sachlicher« als alle anderen europäischen Hauptstädte. Zweifellos war dies eine Anspielung auf das Klima kalter Entfremdung, das sich der Stadt, wo man die neue Ordnung der Technik frenetisch begrüßte, bemächtigt hatte und das von den leergefegten Straßen auf den Bildern Gustav Wunderwalds so wundervoll illustriert wurde. Die gleichgültige Objektivität der neuen Ordnung ging vollkommen auf die Menschen über, die nun anfingen, wie die Figuren auf Anton Räderscheidts Gemälden die ausdruckslose Steifheit von Schaufensterpuppen zur Schau zu tragen. Trotz Assimilation und Sublimierung der technischen Herrschaft durch die absolute Kultur bleibt Westheims Urteil auch ein Jahrhundert später noch richtig: Berlin ist immer noch die sachlichste Stadt. Nur dass die Subjekte mittlerweile vollkommen verschwunden sind, nachdem sie den Rest an Substanz, der sie noch an das Wirkliche gebunden hatte, aufgegeben haben. Durch eine für die absolute Kultur typische Pseudomorphose passen sich die Ereignisse genau in den leeren Abdruck ein, den die Politik hinterlassen hat. So wie man von »totalem Kunstwerk« sprechen könnte, bietet das besetzte Haus als totales Ereignis die perfekte mimetische Erfahrung, in der sich die fiktive Freiheit der Individuen ganz autonom und gemäß der Grammatik, die der absoluten Kultur angemessen ist, in die Notwendigkeit der Ordnung verwandelt. In einer Stadt, in der sich die Gegenkultur fast vollständig auf das hedonistische Fach des *Entertainment* spezialisiert hat, bleibt das besetzte Haus der treue Hüter des Andenkens an die »politischen« Ursprünge dieses Kultur-*Entertainment*. Aus der Nähe betrachtet hat es trotz aller militärischen Ausrüstung, mit der es sich aufputzt, den Charme eines religiösen Refugiums. Hierher ziehen sich die Individuen zurück, um einen alten Volkskult zu praktizieren, in der Hoffnung, die Gnade der einheimischen Gottheiten zu empfangen. Die Hoffnung wird vergolten, so reich an Wundern ist das gnädige Reich der absoluten Kultur. Der Grad an Illusion kann bei diesen Gläubigen nicht größer sein als der in anderen Refugien des Kultur-*Entertainment*, und dennoch glauben die fiktiven Subjektivitäten im besetzten Haus, eine letztlich authentische existentielle Erfahrung zu machen, als ob die erloschene Sonne der Politik noch ein bisschen dunklere Schatten würfe.

Totale Mobilmachung

In Döblins Roman *Berlin Alexanderplatz* ist Berlin bekanntermaßen noch die arme, proletarische Stadt aus der Zeit der Wirtschaftskrise nach dem Ende des Ersten Weltkriegs. Es ist die Stadt des moralischen und politischen Zusammenbruchs, in der sich alle Elemente der nationalsozialistischen Machtübernahme bereits in voller Gärung befinden. Trotzdem handelt es sich um kein politisches Buch. Die Themen, um die es kreist, sind Arbeit und Glaube. Von einer Art Wehmut nach dem Gefängnis ergriffen, in dem er vier Jahre wegen Mordes eingesessen hat und aus dem er gerade entlassen wurde, streift Franz Biberkopf durch Berlin: »Vom Platz gehen ab die große Brunnenstraße, die führt nördlich, die AEG. liegt an ihr auf der linken Seite vor dem Humboldthain. Die AEG. ist ein ungeheures Unternehmen, welches nach

Telefonbuch von 1928 umfasst: Elektrische Licht- und Kraftanlagen, Zentralverwaltung, NW 40, Friedrich-Karl-Ufer 2–4, Ortsverkehr, Fernverkehr Amt Norden 4488, Direktion, Pförtner, Bank Elektrischer Werte A. G. Abteilung für Beleuchtungskörper, Abteilung Russland, Abteilung Metallwerke Oberspree, Apparatefabriken Treptow, Fabriken Brunnenstraße, Fabriken Hennigsdorf, Fabrik für Isolierstoffe, Fabrik Rheinstraße, Kabelwerk Oberspree, Transformatoren-Fabrik Wilhelminenhofstraße, Rummelsburger Chaussee, Turbinenfabrik NW 87, Huttenstraße 12–16.« Hier vor der berühmten Turbinenfabrik in der Huttenstraße überlassen wir Franz Biberkopf seinem Schicksal. Die Fabrik wurde 1909 von Peter Behrens gebaut, der zu diesem Zeitpunkt bereits zehn Jahre als »künstlerischer Berater« für die AEG tätig war. Sie ist halb funktionalistisches Kunstwerk, halb Propagandamanifest für eine neue Arbeitshygiene und damit eine jener zahlreichen *Hybridmaschinen*, die die Aneignung der modernen Geschichte durch die absolute Kultur orchestrieren, und an denen sich ihr Vormarsch ablesen lässt. Es handelt sich um komplexe halbimaginäre, halbmaterielle Maschinen mit dem Potenzial, Großereignisse zu generieren, also Ereignisse mit großer Überzeugungs- und Strahlkraft, die durch die Freisetzung weiterer Ereignisse ihren zeitlichen Radius immer weiter ausdehnen. Hauptcharakteristikum der Großereignisse ist, dass sie im Laufe der Zeit nicht weniger, sondern im Gegenteil immer weitreichender in der Lage sind, das Wirkliche in Fiktion zu verwandeln. Mit diesen Hybridmaschinen gibt sich die absolute Kultur als Erbin der Naturphilosophie zu erkennen, die sich seit Schelling, Goethe und Gustav Theodor Fechner als unterirdischer Fluss durch das 19. Jahrhundert schlängelte. Die Naturphilosophie versuchte durch Verbindung materialistischer und spiritualistischer Theorien, die kantische Dichotomie von Wissenschaft und Metaphysik zu sprengen. Doch die Hybridmaschinen der absoluten Kultur beschränken sich nicht auf eine theoretische Reparatur der großen Seinskette. Sie fügen sich dem Wirklichen hinzu und verändern so seine ontologische Ordnung. Auftreten können sie in den verschiedensten Formen: Die Turbinenfabrik beispielsweise, die als praktische Geburtshelferin des Bauhaus wirkte und seither zahlreiche weitere Ereignisse hervorgebracht hat, die vom Glauben an eine Emanzipation der Menschheit durch die Kunst durchdrungen sind, hat die Erscheinungsform einer technischen Maschine. Es gibt aber auch physisch weniger ausgreifende Maschinen: Neal Cassady,

Jack Kerouac, Allen Ginsberg und Willam Burroughs sind die berühmtesten Vertreter der Literaturströmung der *Beat Generation.* Wie Jean-Jacques Bonvin in seinem Essay *Ballast* über diese Poetenbewegung beschreibt, »entstand ihr Werk eher zwischen ihnen als durch sie, es versperrte ihnen den Blick und entzog sich ihnen«. Wenn »diese vier schließlich miteinander verschmolzen«, dann, weil sie eine fürchterliche Literaturmaschine in die Welt gesetzt hatten, deren Großereignis die fiktiven Subjektivitäten umfassend mit Glaubensinhalten, Mythen, Reaktionsweisen – und Urlaubsideen (Route 66) ausstattete.

Wir befanden uns im proletarischen Teil Moabits vor der Turbinenfabrik, die einer Zeit entstammt, als sich die Formen der absoluten Kultur zu industrialisieren begannen. Zwei Weltkriege (einen heißen und einen kalten) später machen wir uns, in die entgegengesetzte Richtung Franz Biberkopfs, wieder zu einem Spaziergang auf, der uns quer durch die Geschichte zur Leipziger Straße führt. Wir werden eine Mauer überwinden müssen, die nicht mehr existiert, das durch Bomben verwüstete, aufgegebene und dann von den Architekten endgültig zerstörte Regierungsviertel durchqueren, um schließlich beim *Tresor* anzukommen. Da, wo dieser nach dem Mauerfall symbolträchtigste aller Clubs lag, verlief vor dem Krieg eine der elegantesten Straßen der Stadt. Über die Geschichte und ihre Landschaften wandelnd, werden wir eine anthropologische Revolution nachvollzogen haben, in der der *Arbeiter* der zwanziger Jahre der hedonistischen fiktiven Post-68er-Subjektivität Platz macht. Auf die Leidenschaft des Tempos, der kreativen Zerstörung, der Auslöschung des Individuums in einer neuen, strengen und technischen Ordnung, die der Arbeiter Jüngers mit den Avantgarden teilte, folgte die passive Zustimmung zu der unendlichen, aber negativen Freiheit, die dem Subjekt durch das Kultur-*Entertainment* aufgezwungen wird. Obwohl das Individuum unter der absoluten Kultur als souveräne Einheit zu neuem Leben erwacht, ist es doch nicht mehr als ein schlichtes Nebenprodukt des Kreislaufs, in dem sich die Bilder und Ereignisse miteinander verbinden und einander ablösen. Erst wenn sich dieser Bildkreislauf nicht mehr nur auf das öffentliche Leben beschränkt, sondern ein Stabilisierungsfaktor für die Triebenergien des Privatlebens wird, kann das Subjekt auf die klassischen Institutionen verzichten. Der Niedergang solcher Institutionen wie der Familie, des Rechts oder der Arbeit seit den fünfziger Jahren fällt mit dem Beginn der Kolonisierung des Privatlebens durch die Bilder zusammen. Die absolute Kultur beschränkt sich nicht mehr auf das Versprechen, Individuum und Gesellschaft in einer »erneuerten Natur« miteinander zu versöhnen, sondern stattet das Subjekt mit mimetischen Verhaltensmustern aus, die einer kulturellen Imitation von Instinkten gleichen. Dadurch erlangt es eine neue imaginäre Freiheit, die von vornherein auszuschließen scheint, mit der Stabilität und dem Fortbestand des Staates oder gar mit der Gesellschaft in Konflikt zu geraten. Das unter die ausschließliche Gerichtsbarkeit der Kultur geratene Individuum löst alle Haltestricke, die es noch davon abgehalten haben, sich für die Mobilisierung durch die Bilder *verfügbar* zu halten. Die Bilder sind damit nicht mehr Gegenstand einer Betrachtung, sondern autonomes Subjekt einer Technik zur Organisation sowohl des öffentlichen *wie auch* des Privatlebens. Wenn zunehmend jeder Augenblick des Daseins zu einer öffentlichen Zurschaustellung werden muss, um »wirklich« zu sein, kündigt sich eine totale Mobilmachung in immer radikalerer Gestalt an.

Ende der sechziger Jahre war mit der Niederlage der gewerkschaftlich organisierten Arbeiterklasse im Westen die ohnehin geringe Gefahr einer erneuten Eruption des Politischen gänzlich gebannt. Der Versuch der Arbeiter nach dem Krieg, die zwei von Lenin unterschiedenen Momente, den ökonomischen und den politischen Kampf, miteinander zu versöhnen und als revolutionäre Klasse aufzutreten, wurde dadurch zunichte gemacht, dass sie als Individuen objektiv mit der Welt der Bilder verwachsen waren. So bestätigten sie am eigenen Leib jene Ökonomie, die sie zu bekämpfen glaubten, während sie zum Werkzeug einer unmittelbaren Verwandlung der politischen Forderungen in moralische Appelle wurden. Die gewerkschaftliche Niederlage der Arbeiter am Ende der sechziger Jahre markierte die Auflösung dieses Widerspruchs zwischen einem objektiv revolutionären Willen und einer subjektiven *und* ontologischen Ausrichtung am Fortschritt. 1968 war es so weit: Endlich konnte *post festum* die kulturelle Auseinandersetzung beginnen, die in Form einer politischen Emanzipationsbewegung genau jene Erneuerung der gesellschaftlichen Sittlichkeit vorantrieb, die durch die fortgeschrittene technische Entwicklung notwendig geworden war. Eine perfekte Harmonie zwischen der Welt der Technik und einer individualistischen Moral, die sämtliche kulturellen Freiheiten garantiert – was sich hervorragend an der sexuellen Befreiungsbewegung und ihrer parapolitischen Propaganda illustrieren lässt, die der Markteinführung der Pille nicht nur auf dem Fuße folgte, sondern ihr auch die Steine aus dem Weg räumte. Von diesem Moment an stützten sich die gesellschaftlichen Auseinandersetzungen, die nun durch die Bilder gefiltert und von jeglichem politischen Inhalt gereinigt waren, paradoxerweise auf die »natürliche« und vorrevolutionäre Dichotomie von Vergangenheit und Zukunft. Der traditionalistische Mythos einer fast vergangenen, unberührten Natur und das Zukunftsprojekt einer völlig mechanisierten Gesellschaftsorganisation sind gegensätzliche ideologische Konstruktionen, die die absolute Kultur völlig opportunistisch abwechselnd zum Träger der Emanzipation erklärte, um sie die Arbeit der Übersetzung des Naturrechts in höchst imaginäre Individualrechte verrichten zu lassen. Die vermeintlich politische Pose dieses »natürlichen Gegensatzes« avancierte nur für einen sehr kurzen Augenblick zur kategorischen Weigerung: in der gewaltsamen Reaktion auf die Hippie-Zeit, in der die Kulturmaschine bis zum Gehtnichtmehr auf Hochtouren lief. Der kleine nihilistische Wutausbruch eines Teils der westlichen und dann auch, in einer gänzlich anderen Situation, der ostdeutschen Jugend um die Jahre 1975–1976 belebte kurzzeitig das Grundprinzip der Politik, den Freund-Feind-Gegensatz, wieder, bevor die Gesellschaft vollständig in der Kultur versank. Mit Ausnahme Ostdeutschlands, wo die Punks als wirkliche Feinde des Staats behandelt wurden und mit einer brutalen Repression konfrontiert waren, konnte dieser Einbruch des politischen Prinzips in eine Gesellschaft, die sich auf den Ausschluss genau dieses Prinzips gegründet hatte, nur parodistisch wirken. In jedem Fall war er aussichtslos. Diese Gesellschaft war unweigerlich zu der durchgreifenden Kommerzialisierung verdammt, die unmittelbar darauf eintrat. Dennoch lässt sich festhalten, dass die Erwartungen der Moderne angesichts einer Negation, die keinerlei Synthese mehr anbot, zum ersten Mal zusammenzubrechen drohten. Die Trennung der Bilder von der Moral währte jedoch nur kurz. Von dem Moment an, in dem Nietengürtel die Mohairpullover ersetzten, konnte das Positiv der Kultur seine Schneiderarbeiten wieder aufnehmen. Unterstützung erfuhr es dabei durch die vereinten Kräfte utopistischer Theoretiker, Philosophen der Macht und zu spät gekommener Avantgardisten, die es in ihren Predigten, von einer Armada aus weniger schwatzhaften Produzenten sowie Zu- und Auslieferern von Wegwerf-Persönlichkeitsfragmenten praktisch unterstützt, zu einem totalen Phänomen aufbliesen. Die fiktive Subjektivität entwickelt sich in geschützter Umgebung durch einen kontinuierlichen Prozess ohne merkliche Sprünge. Ihre Wahlmöglichkeiten steigern sich durch die Verbindung von Technik und Kultur, auch dank der Fiktionalisierung aller Beziehungen des Individuums zur Außenwelt und zu sich selbst, enorm. Diese Verbindung vereinheitlicht zugleich alle wirklichen Unterschiede in der kompakten Organisation einer Gesellschaft, in der die wirkliche Spaltung in Freund und Feind keinen Platz mehr hat – außer in der fiktiven und grotesken Variante eines absoluten Feindes, der noch immer nach außen projiziert wird. In diesem Regime entspringt die Ordnung aus Freiheit, führt der Unterschied zu Gleichförmigkeit und manifestieren Kreativität und Insubordination nur die öffentliche Seite privater Unterwerfung. Ihm genügten zwanzig Jahre, um die kalte Phase des europäischen Bürgerkriegs zu beenden, der nach Ende des Zweiten Weltkriegs die Form einer Konfrontation zwischen zwei Arten der Moral angenommen hatte: Im Osten eine an Repräsentation arme Hypermoral der Gruppe, im Westen eine mit Bildern gesättigte Hypermoral des Individuums. Nach dem Fall der Berliner Mauer fand Deleuzes »Begehrensmensch« einen jungfräulichen Boden vor, auf dem sich seiner kulturell konstruierten Natürlichkeit nichts mehr entgegensetzte, nicht einmal die autonomen Gesetze der Ökonomie. Aber mit jedem Schritt, den dieser Begehrensmensch seinem eigenen Verlangen nachgeht, entfernt er sich weiter von seinem politischen Körper. Jede seiner Handlungen ist von dem Nichts gezeichnet, das allen Ereignissen gemeinsam ist. Je mehr er sich unter Beweis stellt, desto mehr hebt er sich selbst auf. Das Quäntchen Lust, das er aus seiner grenzenlosen kulturellen Freiheit gewinnen kann, bezahlt er mit einer unmöglichen und mithin unendlichen Arbeit: Es ist die Arbeit, die Kontingenz der Ereignisse zur Notwendigkeit seines persönlichen Schicksals umzumünzen. Der »Begehrensmensch« ist eine fiktive Subjektivität, die in ihre Daseinsbedingung als nichtpolitisches Tier eingewilligt hat. Nietzscheanische Mantras werden es aus seiner ontologisch untergeordneten Stellung nicht befreien. »Die Freiheit, die Verantwortungslosigkeit, die Einsamkeit und die Freude« machen den perfekten Produzenten-Konsumenten aus, der ohne Zögern sein portioniertes Privatleben auf den Markt wirft. A und O dieses Begehrensmenschen ist der Aufstand. Als hedonistische und spielerische, politisch folgenlose Aktivität kann sich dieser als wirtschaftlich höchst rentable Anlage erweisen. Nun sind wir auch vor dem Tresor angelangt. 1991 aus den Panzerschranktrümmern des alten Warenhauses Wertheim entstanden, war er in seinen Anfängen nur einer der zahlreichen illegalen Clubs, die gleich nach dem Mauerfall überall im Ostteil der Stadt aus dem Boden schossen. Nun ist er zu einer der touristischen Hauptziele geworden. Und zu einem soliden Unternehmen, das sogar eine Kollektion von Kleidungsstücken und Accessoires mit Club-Logo vertreibt. Filialen in China sind in Planung.

Nichts zu Diensten

Restaurants, die man durch die Küche betritt, verborgene Kunstgalerien, *Pop-up*-Boutiquen, die alsbald verschwinden, um an anderer Stelle wieder aufzutauchen, Bars ohne Aushängeschild oder sonstige Hinweise, um auf sie aufmerksam zu machen, ins tiefste Dunkel getauchte Clubs, in denen weder Video- noch Fotokameras erlaubt sind: Das »öffentliche« Leben in Berlin wurde von einer wahren Obsession des Geheimnisses und des Verschwindens erfasst. Die Kunden sind genötigt, sich an einer sinnlosen Schnitzeljagd zu beteiligen, bei der das Geheimnis dank Internet im selben Moment gelüftet wird, in dem es als Geheimnis in die Welt tritt. Da sich die Ereignisse selbst reproduzieren, produzieren sie auch die Bedingungen ihres Eintretens, neutralisieren das Territorium und bereiten anderen Ereignissen das Feld. Diese zunehmende Leere ermöglicht einen ständigen Wandel der Orte, der dazu dient, die Grenze zwischen Sichtbarem und Verborgenem zu verwischen. Es ist, als wären diese Orte aus dem Nichts entstanden, eine unvermeidliche Folge der Substitution geschichtlicher Gegenwart durch eine ahistorische und nihilistische Ordnung, eine Ordnung der hedonistischen Moral, der Ökonomie und der Ästhetik. Das moderne ereigniserzeugte Individuum ist seit seiner Renaissance im getrennten Raum der absoluten Kultur auf der Suche nach einem materiellen Beweis seiner Identität. Die totale Mobilmachung der Bilder bedeutete eine Verallgemeinerung der Mikrokonflikte, in denen das Individuum mit allen ihm zur Verfügung stehenden Mitteln um seine Stellung in einer sich ständig erneuernden »imaginären« Umwelt kämpft. Diese kulturelle und postpolitische Variante eines Kriegs aller gegen alle impliziert die Verschmelzung des Öffentlichen mit dem Privaten, der Enthüllung mit dem Geheimnis, deren – einstmals als dialektisch bezeichneter – Gegensatz im 18. Jahrhundert noch die Aufgabe hatte, Hoffnungen auf Fortschritt und Befreiung des Individuums aus der Allmacht des Staats zu schüren. Autobiografie, Bildungsroman und Fotografie sind moderne Techniken, die aus der Anforderung entstanden, die Spuren einer zunehmend unsicher gewordenen persönlichen Geschichte festzuhalten. Im Zeitalter der absoluten Kultur ist diese Geschichte dadurch charakterisiert, dass das »Privatleben« immer weiter in den öffentlichen Raum eindringt. Statt als Brutstätte für die Befreiung der Menschheit zu dienen, gibt sich der öffentliche Raum nur als Versuchsfeld her, auf dem das Individuum dann und wann sein gerade geliehenes Persönlichkeitskostüm Probe tragen kann. Die wechselseitige Zurschaustellung des Ich lässt die Illusionen, die sich das vorrevolutionäre 18. Jahrhundert über eine aufgeklärte und rationale Öffentlichkeit machte, die von ihren niederträchtigen Empfindungen absehen kann, vollkommen lächerlich erscheinen. Die allseitige Transparenz mündet in die Absonderlichkeiten einer zur Öffentlichkeit gewordenen Intimität, die in ihren belanglosesten Begebenheiten *urbi et orbi* rund um die Uhr ausgestrahlt wird. Die aufgeblähte Zirkulation dieser objektivierten Lebensfragmente kennzeichnet indessen den Übergang in die Endphase der Moderne, in der das Subjekt nur noch ein Sender-Empfänger innerhalb eines autonom gewordenen, imaginären (aus Bildern zusammengesetzten) Kraftfelds darstellt. »Die totale Mobilmachung«, wie Ernst Jünger gezeigt hat, ist nichts zu Diensten. In diesem vollkommen verselbstständigten Kreislauf der Bilder besteht keine Gefahr mehr, einer öffentlichen Zensur zum Opfer zu fallen. Möglich gemacht hat das die Technik, mit der sich die Kultur seit den Avantgarden notgedrungen als Partnerin abgefunden hat. Obwohl »sich die Erlebnisse vom Menschen unabhängig gemacht haben« (R. Musil), haben sich Bilder und Ereignisse, durch die Technik gestützt, noch nie so massiv zum Fürsprecher einer Moral aufgeschwungen, die sich *a priori* zugunsten des Individualinteresses positioniert.

Die ästhetisch vermittelte Verbindung zwischen dem Erscheinen des Individuums und der Moral ist jedoch alles andere als neu. So wird die griechische Kultur häufig als hoch ästhetisierte charakterisiert. Bilder, Moral und Individuum waren dort jedoch in das öffentliche Leben eingebettet, ganz anders als die totale Mobilmachung der Bilder. Heute ist jeder gezwungen, eine unverwechselbare Chronik des Privaten zu veröffentlichen, die für das Individuum zum einzigen Mittel wird, sich seiner höchst unsicheren Existenz zu versichern. Der Held des griechischen Epos dagegen wurde Individuum durch die Dichtung, die ihn rühmte und seinen »schönen Tod« verewigte. »›Individuelle‹ Existenz bedeutet für den Griechen, sich ›denkwürdig‹ zu machen und zu erhalten. Der

Anonymität, dem Vergessen und Verschwinden – also dem Tod – entrinnt man: eben durch den Tod. Durch einen Tod, der den Zutritt zur Glorifizierung im Heldenlied eröffnet, wird man der Gemeinschaft gegenwärtig, vielmehr, im Stande eines verstorbenen Helden wird man dieser noch gegenwärtiger als jeder Lebende sich selbst wie den anderen.« (J.-P. Vernant). Doch die Individualität des Helden, präzisiert Vernant, hat nichts mit den psychologischen Eigenschaften und »der inneren Dimension des einzigartigen und unersetzbaren Subjekts« zu tun. Ganz im Gegenteil, sie verkörpert absolute Werte (das Schöne, die Jugend, die Manneskraft, den Mut), die durch den epischen Gesang in der kollektiven Erinnerung der ganzen Gemeinschaft aufbewahrt werden. In der griechischen Zivilisation macht die Ästhetik von Anfang an aus dem Individuum, und ganz besonders aus seinem Tod, den Repräsentanten einer öffentlichen, vom gesamten Gemeinwesen der Lebenden geteilten Ethik. Die Moderne dagegen endet in einer Kakofonie belangloser Bilder und Ereignisse, die von Millionen sich gleichender Originale auf einem bereits gesättigten Markt privater Mitteilungen für sich allein reklamiert werden. Diese zerstreuten Fragmente eines privaten Diskurses sind nicht Ausdruck einer universellen Moral, sondern dienen der nachträglichen Rechtfertigung eines Individuums, das durch die Einplanierung der Moral zu Ästhetik schlechterdings undarstellbar geworden ist. Bereits im Juli 1545, auf der Höhe des italienischen Humanismus, als der Mensch eine zentrale Stellung innerhalb einer offenen Kosmologie wiedererlangt hatte, beklagte sich Pietro Aretino in einem Brief an Leone Leoni über das Übel der Zurschaustellung des Ich, das mit der massiven Verbreitung der Portraitmalerei einherginge: »Deine Schande ist es, oh Jahrhundert, zu dulden, dass Schneider und Fleischer auf dem Gemälde wie lebendig erscheinen.« Die Technik hat diese *Hybris* heute über alle Grenzen hinausgetrieben, die sich Aretino hat vorstellen können. Der Kultur hat sie dagegen ihre gesellschaftliche Qualität genommen. Die direkt ins soziale Netzwerk gestellte Fotografie eines belanglosen Abendessens bei *Cookies Cream* dient keiner Neuzusammensetzung einer persönlichen Lebensgeschichte, sondern der Zertifizierung der Wirklichkeit des Augenblicks – mittels ihrer Entwirklichung. Der Untergrundcharakter der öffentlichen Orte Berlins, durch den, wie Luhmann es nennt, »ein Horizont selbsterzeugter Unsicherheit« entsteht, verstärkt die Macht der Bilder noch. Nachdem sie damit betraut waren, in gerecht und ungerecht einzuteilen, haben sie sich in der ausgehenden Moderne schließlich das höchste Recht herausgenommen: zwischen dem zu scheiden, was wirklich ist, und dem, was es nicht ist.

Karten

Auf Stadtplänen aus der DDR war der Westteil Berlins bekanntlich nur als grauer Fleck zu sehen. Für die Ostberliner gab es oder besser hätte es jenseits der Mauer nichts geben sollen. Es existiert allerdings eine Ausnahme. In einem 1962 auf Englisch veröffentlichten und in der DDR verbreiteten sowjetischen Propagandabuch, *West Berlin – the Facts*, findet sich eine höchst bemerkenswerte Karte Westberlins. Auf einer ziemlich groben Darstellung der Stadt sind politisch-militärische Symbole in einem nicht so sehr an militärische Karten als vielmehr an Comics erinnernden Stil eingezeichnet. Auch wenn darauf die Stadtteile und Straßen kaum zu erkennen sind, lernen wir nichtsdestoweniger, dass Westberlin ein Ort ist, der von revanchistischen und subversiven Organisationen, von Gegenspionagezentren und großohrigen Rundfunkstationen übersät ist. Kurz, ein militärischer Vorposten, an dem ununterbrochen die Offensive der Konterrevolution vorbereitet wird. Leere und Konterrevolution, so stellte der Leviathan den Westen dar. Eine Leere der »Konterrevolution«, die ihn doch bald zu Fall bringen sollte, und zwar durch einen Umsturz, der viel mehr war als nur der Sieg einer Sorte Regime über eine andere. Die Ordnung des gewaltsam durchgesetzten, technokratisch-marxistischen Kommunismus beruhte teils auch auf Relikten traditioneller Macht, das Erbe der Französischen Revolution vermischte sich mit vormodernen Strukturen. Doch um ihre Versprechen einzulösen, musste sich die Moderne von jeglicher transzendenten Beziehung zur Herrschaft befreien. Wie der Kommunismus hat sich die absolute Kultur den Weg der Revolution angeeignet. Nachdem sie die Kontrolle über sie erlangt hat, lässt sie die Moderne diesen Weg rückwärts ablaufen: revolutionär in den Zielen, konterrevolutionär in der Form. Denn wenn die Revolution die Menschen nach einer These François Furets »vom Wahn« zum Handeln dirigiert, dann zwingt ihr die absolute Kultur eine neue und unumkehrbare Ordnung auf, die in die umgekehrte Richtung führt: vom Handeln in den Wahn.

Erste Auflage Berlin 2014

MSB Matthes & Seitz Berlin
Verlagsgesellschaft mbH
Göhrener Str. 7 | 10437 Berlin
info@matthes-seitz-berlin.de

Druck und Bindung: UAB Balto print, Lithuania
Umschlaggestaltung: Dirk Lebahn, Berlin
Satz: psb, Berlin
www.matthes-seitz-berlin.de
ISBN: 978-3-88221-292-1